JON FEENSTRA

PANZERWAFFE ON THE BATTLEFIELD 4

★ WORLD WAR TWO PHOTOBOOK SERIES ★

volume 25

Kiadja / Published by
PeKo Publishing Kft.
8360 Keszthely, Bessenyei György utca 37., Hungary
Email: info@pekobooks.com
www.pekobooks.com

Felelős kiadó / Responsible publisher
Péter Kocsis

Írta / Author
Jon Feenstra

A magyar szöveget szakmailag lektorálta
Számvéber Norbert

Tördelés, retus / Layout, retouch
nadam.hu

Printed in Hungary

Fotók / Photos
Péter Kocsis, TsAMO, Fortepan, Archive of Modern Conflict, Karlheinz Münch, NARA, Strategia KM, Paul Johnson, Gettyimages

Kiadás éve / First published
2023

ISBN 978-615-6602-22-0
ISSN 2063-9503

KÖSZÖNETNYILVÁNÍTÁS

Miközben a világ lassan kilábal a világjárvány legrosszabb részéből, és megtanuljuk kezelni a kialakult helyzetet, hogy tovább léphessünk, én hálás vagyok Kocsis Péternek, hogy újra lendületbe hozta a PeKo Publishing kiadót és lehetővé tette számomra, hogy a második világháborús fényképalbum-sorozat legújabb kötetének megírásával, illetve más könyvek szerkesztésbeli munkájában való részvételemmel hozzájáruljak munkájukhoz. Ahogy mindig, a hozzám hasonló érdeklődésű barátaim ezúttal is hatalmas segítséget nyújtottak, és folyamatosan, habozás nélkül válaszolták meg kérdéseimet. A felbukkanó tévedések azonban az én hibáim. És persze semmi sem válhatott volna valóra a barátaim és családom – szüleim, John és Helen, testvérem és sogórnőm, Greg és Loreen, húgom, Evelyn, két csodálatos gyermekem, Jessica és Ian, és természetesen életem szerelme, feleségem, Sandy – támogatása nélkül.

Jon Feenstra

ACKNOWLEDGEMENTS

As the world slowly emerges from what we can hope to be the worst of the pandemic and learns how to manage the situation and move forward, I'm grateful that Peter Kocsis has renewed Peko's publishing efforts and once again allowed me to contribute by writing this latest volume in the World War Two Photobook series and do additional editing for other titles. As usual, my support network of like-minded individuals is great, and they continue to answer my queries with little or no fanfare. Any mistakes, however, are my own. And nothing is possible without the support of friends and family – my parents John & Helen, brother and sister-in-law Greg & Loreen and sister Evelyn, my two wonderful children Jessica & Ian, and of course the love in my life, Sandy.

Jon Feenstra

BEVEZETŐ

A német szárazföldi haderő páncélos fegyvernemét, a Panzerwaffe-t elit csapatnemnek tekinthetjük, amely a második világháború során mindvégig, sokszor hatalmas mennyiségi és minőségi fölényben lévő ellenséggel szemben állta a sarat, és személyi állományának kiváló képzettségének, harcászati tudásának és gyakori bravúrjainak köszönhetően még vereséget is mért rá. A Fegyverzetügyi Hivatal (Heereswaffenamt) és alárendelt osztályai folyamatosan terveztettek és gyártattak újabb és újabb harcjárműveket, hogy kielégítsék a páncélos és gépkocsizó alakulatok igényeit, amelyekkel kivívhatták a fölényt a harctereken. A páncélos fegyvernem különböző – harckocsizó, páncéltörő, önjáró tüzér, gyalogsági támogató, légvédelmi, felderítő és szállító – csapatnemei döbbenetesen sok eltérő típusú páncélozott harcjárművet használtak, messze több változatot, mint a Szövetséges hadseregek együttvéve. Miután egy harckocsi elavulttá vált, az alvázát úgy alakították át, hogy alkalmas legyen valamilyen támogató fegyverzet hordozására. Amennyiben valamilyen új fenyegetés bukkant fel – például az, hogy a Luftwaffe elveszítette a légifölényt – annak megfelelően alakítottak ki új harcjárművet. A rengeteg zsákmányolt ellenséges járműnek is nagy hasznát vették, hiszen pótolni tudták velük a saját veszteségeiket.

A következő táblázat jó szemlélteti a típusok sokszínűségét és a teljes gyártási mennyiséget és ezzel segít megérteni a Panzerwaffe tényleges helyzetét. Természetesen nem teljes, de magába foglalja a legfontosabb lánctalpas járműveket és az alvázukon készített gyári változatokat, kivéve az olasz tervezésű harcjárműveket, amelyeket az ország fegyverletétele után gyártottak. Megjegyzendő, hogy a gyártási adatok forrásonként változnak, így az itt bemutatott mennyiségek reprezentatív jellegűek, és tartalmazzák a már létező, ám később átalakított járműveket is.

Alapjármű	Változat	Mennyiség	Megjegyzés
Pz.Kpfw.I*	Ausf. A, B	1589	
	Ausf. C	40*	
	Ausf. F	30*	
	kl.Pz.Bef.Wg.	184	Parancsnoki
	Schulfahrzeug	442	Vezető-kiképző
	Munitions-Schlepper	173	Lőszerszállító
	Panzerjäger I	202	Páncélvadász
	15cm s.I.G.33 auf Pzkpfw I	38	Gyalogsági támogató
	Flakpanzer I	24	Légvédelmi
Pz.Kpfw.II*	Ausf. a/1, a/2, a/3, b	175*	
	Ausf. c, A, B, C, F	1542	
	Ausf. D, E	50*	
	Ausf. G	45*	
	Ausf. J	30*	
	Ausf. L	100*	
	Flammpanzer II Ausf.D, E	151	Lángszórós
	Marder II Ausf. D (Pz.Sfl.I)	202	Páncélvadász
	Marder II	663	Páncélvadász
	Wespe és Wespe lőszerszállító	835	Önjáró tüzérségi löveg és lőszerszállító
	15cm s.I.G.33 auf Pzkpfw II	12	Gyalogsági támogató
Pz.Kpfw.III*	Ausf. A	10*	
	Ausf. B	10*	
	Ausf. C	15*	
	Ausf. D	30*	
	Ausf. E, F, G, H, J, L, M, N	5584	
	Pz.Bef.Wg.Ausf. D1, E, H, J, K	381	Parancsnoki
	StuG/StuH III Ausf. A, B, C, D, E, F, G	11300	Rohamlöveg
	Flammpanzer III	100	Lángszórós
	Panzerbeobachtungswagen III	262	Tüzérségi megfigyelő
	Sturminfanteriegeschütz 33	24	Gyalogsági támogató löveg
	Bergepanzer III	176	Műszaki-mentő
Pz.Kpfw.IV*	Ausf. A, B, C, D, E, F	1144	
	Ausf. G, H, J	7492	

	StuG IV	1141	Rohamlöveg
	Sturmpanzer IV Series I, II, III, IV	166	Gyalogsági támogató mozsár
	Möbelwagen	240	Légvédelmi
	Ostwind & Wirbelwind	129	Légvédelmi
	Jagdpanzer IV	769	Vadászpáncélos
	Panzer IV/70 (V) & (A)	1207	Vadászpáncélos
	Hummel & Hummel lőszerszállító	862*	Önjáró tüzérségi löveg és lőszerszállító
	Hornisse / Nashorn	494	Páncélvadász
	Brückenleger IV b, c, s	28	Hídvető
	Bergepanzer IV	21	Műszaki-mentő
Pz.Kpfw.V Panther*	Ausf. D, A, G	6003	
	Jagdpanther	413	Vadászpáncélos
	Bergepanther Ausf. D, A, G	339	Műszaki-mentő
Pz.Kpfw.VI Tiger*	Tiger I	1346	
	King Tiger	489*	
	Jagdtiger	85	Vadászpáncélos
	Ferdinand / Elefant	91*	Páncélvadász
	Bergepanzer Tiger (P)	3	Műszaki-mentő
	Sturmtiger	18	Gyalogsági támogató
Pz.Kpfw.38(t)*	Ausf. A, B, C, D, E, F, G, S	1406	
	Marder III Pz.Sfl.II, Ausf. H, M	1561	Páncélvadász
	Grille Ausf. H, M, lőszerszállító	495	Gyalogsági támogató
	Flakpanzer 38(t)	141	Légvédelmi
	Aufkl.Pz.Wg.38	70	Felderítő
	Jagdpanzer 38	2827	Vadászpáncélos
Raupenschlepper OST	RSO Pak 40/4	60*	Páncélvadász

Francia zsákmányanyagból átépített	Lorraine Pak 40	170*	Páncélvadász
	Lorraine 10.5cm és 15cm	108	Önjáró tüzérségi löveg
	H35 Pak 40 & 10.5cm	84*	Páncélvadász/önjáró tüzérségi löveg
	R35 4.7cm és Befehlswagen	200*	Páncélvadász/parancsnoki
	FCM Pak 40 & 10.5cm	26*	Páncélvadász/önjáró tüzérségi löveg
	Char B1 Flammpanzer és 10.5cm	100*	Lángszórós/önjáró tüzérségi löveg
Összesen		**54147**	

** eltérő alvázon*

A táblázatban összesen 126 különböző változatú, illetve felépítményében és/vagy fegyverzetében eltérő altípusú jármű szerepel, amelyet Németországban, Csehszlovákiában vagy Franciaországban gyártottak. Összességében 28 különböző, felfüggesztésében és hajtásláncában eltérő alváz.

Ha mindezt összehasonlítjuk a szövetséges nemzetek csupán egyik tagjával, az Amerikai Egyesült Államokkal, azonnal szembetűnővé válik az egyenlőtlenség. Az Egyesült Államok által a második világháborúban szolgálatba állított lánctalpas járművek mindösszesen nyolc eltérő alvázon készültek: M3/M4 Lee/Sherman, M3/M5 Stuart, M18 Hellcat, M24 Chaffe, T26E3/M26 Pershing, LTV [Landing Vehicle (Tracked), M22 Locust és a Marmon Herrington fejlesztése, összefoglalva lásd az alábbi táblázatot! Figyelem! A táblázatban csak a ténylegesen szolgálatba állított, illetve harcoló alakulatoknak kiutalt járművek szerepelnek. Az összmennyiség kérdésében a különböző források némileg eltérnek egymástól, a termelési mennyiségek lényegében 1945 egészére vonatkoznak.

	Változat	Mennyiség	Megjegyzés
M3/M5 (Stuart)*	M2A4	375	
	M3/M3A1/M3A3	13859	
	M5/M5A1	8884	
	M8	1778	Önjáró tüzérségi löveg
M3 (Lee/Grant)*	M3/Grant I	4924	

	M31/M31B1	805	Műszaki-mentő
	M33	109	Vontató
M4 (Sherman)	M4/M4A1/M4A2/ M4A3/M4A4	25289	
	M4A1(76)/M4A2(76)/ M4A3(76)	10883	
	M4(105)/M4A3(105)	4680	Önjáró tüzérségi löveg
	M4A3E2	254	Gyalogsági támogató
	M10/M10A1/M35	6706	Páncéltörő/Vontató
	M36/M36B1/M36B2	2324	Páncéltörő
	M7/M7B1/Sexton	6466	Önjáró tüzérségi löveg
	M12	100	Önjáró tüzérségi löveg
	M40/M43	466	Önjáró tüzérségi löveg
	M32/M32B1/M32B2/ M32B3	1562	Műszaki-mentő
	M30	100	Lőszerszállító
M24 (Chaffee)*	M24	4731	
M18 (Hellcat)*	M18	2507	
	M39	640	Általános feladatú jármű
Landing Vehicle (Tracked)*	LVT-1, 2, 3, 4	15498	
	LVT (A)-1, 2, 4, 5	3118	
M22 (Locust)*	M22	830	Légiszállítású harckocsi
CTLS/T16*	CTLS-4TAC, 4TAY	1600	
	CTMS, MTLS	50	
T26/M26 (Pershing)*	T26E3/M26	2202	
TOTAL		**120740**	

** eltérő alvázon*

A két táblázat alapján a következő állapítható meg a két fenti táblázat alapján:

Amerikai Egyesült Államok – 57 különböző változat 8 féle alvázon, összesen 120 740 darabos gyártási mennyiséggel

Németország: 126 különböző változat 26 féle alvázon, összesen 54 147 darabos gyártási mennyiséggel.

A számok alapján könnyen megérthető, miért nem lehetett még csak reménye sem a német páncélos fegyvernemnek, hogy kétszer annyi változatban, ám kevesebb, mint feleannyi mennyiségben gyártott harcjárművel sikerrel megvívja a háborút. Németország gyártási kapacitása sohasem kelhetett versenyre a szövetségesekével, és a harcoló alakulatok igényeinek kielégítése miatt szerteágazó típus-kavalkád miatt a pótalkatrész-ellátás, az utánpótlás, illetve a Wehrmacht alakulatainak működtetéséhez szükséges gyári nagyjavítások, átépítések sem valósulhattak meg.

Kétségtelen tény, hogy a Fegyverzetügyi Hivatal jeleskedett az új és egyre jobb fegyverek kifejlesztésében, ez azonban olyan más tényezőket vont maga után, amelyek lehetetlenné tették, hogy ezekkel a jobb felszerelésekkel kellő mennyiségben el is lássák a saját csapatokat. Ahelyett, hogy az amerikai (és szovjet) példát követve a mennyiséget helyezték volna előtérbe a minőséggel szemben, a német hadsereg ennek pont az ellenkezőjét erőltette. S pont ez jelentette a Panzerwaffe hanyatlásának egyik tényezőjét. Nem számított, hogy a Wehrmacht járművei mennyivel erőteljesebb fegyverzettel, vagy páncélzattal rendelkeztek, vagy, hogy mennyivel volt jobb a mozgékonyságuk, az elsöprő mennyiséggel szemben nem győzhettek.

Természetesen azt a jelentős tényezőt is figyelembe kell venni, hogy ha Németország meg is közelítette volna a szövetségesek termelési kapacitását, a háború előrehaladtával egész egyszerűen nem lett volna elegendő élőereje a háború folytatásához és a fegyverek kezeléséhez. A háború korai szakaszában a gyengébb minőségű felszerelést még ellensúlyozni tudták a jobb kiképzéssel és képzettebb irányítással, de a háború későbbi éveiben a létszámhiány és a szükségszerűen lerövidített kiképzési idő nem tette lehetővé a jobb felszerelés sikeres alkalmazását – már csak ez alapján is gondot okozott volna a nagyobb mennyiségű harcjármű bevetése.

Noha ez valóban egy leegyszerűsített megközelítése egy sokkal összetettebb témának, szerettük volna egy kicsit más megvilágításba helyezni a kérdést, és más kontextusba helyezni a Panzerwaffe on the battlefield sorozat legújabb részében szereplő járművek sokszínűségét. Reméljük sikerül ezzel rávenni Kedves Olvasóinkat, hogy legközelebb, amikor a német páncélos fegyvernem pusztulásáról és Németország kapitulációjáról beszélgetnek vagy vitatkoznak, más tényezőket is figyelembe vesznek majd.

Jon Feenstra

INTRODUCTION

The Panzerwaffe could be considered the elite of the Wehrmacht Heer and throughout World War II it continually proved itself in combat, many times facing far larger enemy forces with better equipment and still managing to defeat and rout them through superior training, tactics, and many times simply with shear bravado. To meet the needs of the armored and motorized troops, the Heereswaffenamt and its agencies were constantly developing and putting into production new and varied armored vehicles to help gain superiority on the battlefield. The number of different types of armored vehicles fielded by the various arms of the Panzerwaffe – tank, anti-tank, self-propelled artillery, infantry support, anti-aircraft, reconnaissance, and transport – is staggering to say the least and may very well exceed the different types used by all the Allied forces combined. When tanks became obsolete, the chassis were utilized for support weapons. When new threats appeared, such as the Luftwaffe losing dominance in the air, appropriate weapons were developed. And when an abundance of enemy vehicles were captured, they were put to good use to make up for shortfalls.

The following table will put this diversity into perspective and provide production totals to better understand the reality of the situation for the Panzerwaffe. It is not meant to be all inclusive but does encompass the majority of the most significant fully tracked vehicles and factory conversions that entered full production, other then those produced in Italy after that country's capitulation in 1943. It should also be noted that production figures vary between sources so those shown below are representative, and some of those listed were conversions of existing vehicles.

Base Vehicle	Version	Quantity	Notes
Pz.Kpfw. I*	Ausf. A, B	1589	
	Ausf. C	40*	
	Ausf. F	30*	
	kl.Pz.Bef.Wg.	184	Command
	Schulfahrzeug	442	Driver Training
	Munitions-Schlepper	173	Munitions Carrier
	Panzerjäger I	202	Anti-Tank
	15cm s.I.G.33 auf Pzkpfw I	38	Infantry Support
	Flakpanzer I	24	Anti-Aircraft
Pz.Kpfw. II*	Ausf. a/1, a/2, a/3, b	175*	
	Ausf. c, A, B, C, F	1542	
	Ausf. D, E	50*	
	Ausf. G	45*	
	Ausf. J	30*	
	Ausf. L	100*	
	Flammpanzer II Ausf. D, E	151	Flamethrower
	Marder II Ausf. D (Pz.Sfl.I)	202	Anti-Tank
	Marder II	663	Anti-Tank
	Wespe & Wespe Munitions Carrier	835	Artillery
	15cm s.I.G.33 auf Pzkpfw II	12	Infantry Support
Pz.Kpfw. III*	Ausf. A	10*	
	Ausf. B	10*	
	Ausf. C	15*	
	Ausf. D	30*	
	Ausf. E, F, G, H, J, L, M, N	5584	
	Pz.Bef.Wg. Ausf. D1, E, H, J, K	381	Command
	StuG/StuH III Ausf. A, B, C, D, E, F, G	11300	Assault Gun
	Flammpanzer III	100	Flamethrower
	Panzerbeobachtungswagen III	262	Artillery Observation
	Sturminfanteriegeschütz 33	24	Infantry Support
	Bergepanzer III	176	Recovery
Pz.Kpfw. IV*	Ausf. A, B, C, D, E, F	1144	
	Ausf. G, H, J	7492	
	StuG IV	1141	Assault Gun

	Sturmpanzer IV Series I, II, III, IV	166	Infantry Support
	Möbelwagen	240	Anti-Aircraft
	Ostwind & Wirbelwind	129	Anti-Aircraft
	Jagdpanzer IV	769	Anti-Tank
	Panzer IV/70 (V) & (A)	1207	Anti-Tank
	Hummel & Hummel Munitions	862*	Artillery
	Hornisse / Nashorn	494	Anti-Tank
	Brückenleger IV b, c, s	28	Bridge Layer
	Bergepanzer IV	21	Recovery
Pz.Kpfw. V Panther*	Ausf. D, A, G	6003	
	Jagdpanther	413	Anti-Tank
	Bergepanther Ausf. D, A, G	339	Recovery
Pz.Kpfw. VI Tiger*	Tiger I	1346	
	King Tiger	489*	
	Jagdtiger	85	Anti-Tank
	Ferdinand / Elefant	91*	Anti-Tank
	Bergepanzer Tiger (P)	3	Recovery
	Sturmtiger	18	Infantry Support
Pz.Kpfw.38(t)*	Ausf. A, B, C, D, E, F, G, S	1406	
	Marder III Pz.Sfl.II, Ausf. H, M	1561	Anti-Tank
	Grille Ausf. H, M, Munitions	495	Infantry Support
	Flakpanzer 38(t)	141	Anti-Aircraft
	Aufkl.Pz.Wg.38	70	Recon
	Jagdpanzer 38	2827	Anti-Tank
Raupenschlepper OST	RSO Pak 40/4	60*	Anti-Tank
French Conversions	Lorraine Pak 40	170*	Anti-Tank
	Lorraine 10.5cm & 15cm	108	Artillery
	H35 Pak 40 & 10.5cm	84*	Anti-Tank/Artillery
	R35 4.7cm & Befehlswagen	200*	Anti-Tank
	FCM Pak 40 & 10.5cm	26*	Anti-Tank/Artillery
	Char B1 Flammpanzer & 10.5cm	100*	Flamethrower/ Artillery
TOTAL		**54147**	

** different chassis*

From this table there is a total of 126 different variants and versions of the vehicles presented that differed in armament or superstructure, which were manufactured (or re-manufactured/converted) in Germany, Czechoslovakia, and France. There is also a total of 28 different chassis used, each being distinct in suspension and drive train.

When one compares this to only one of the Allied nations, the USA, the disparity of the situation soon becomes apparent. All the fully tracked vehicles fielded by America during World War 2 were essentially based on eight chassis – M3/M4 Lee/Sherman, M3/M5 Stuart, M18 Hellcat, M24 Chaffee, T26E3/M26 Pershing, Landing Vehicle (Tracked), M22 Locust and Marmon Herrington's designs. This is summarized in the table below. Note that, in general, only those vehicles that saw active service and/or were issued to combat units are listed here. Once again, sources differ somewhat on production figures, and production totals are essentially to the latter part of 1945.

Base Vehicle	Version	Quantity	Notes
M3/M5 (Stuart)*	M2A4	375	
	M3/M3A1/M3A3	13859	
	M5/M5A1	8884	
	M8	1778	Artillery
M3 (Lee/Grant)*	M3/Grant I	4924	
	M31/M31B1	805	Recovery
	M33	109	Prime Mover

M4 (Sherman)	M4/M4A1/M4A2/M4A3/M4A4	25289	
	M4A1(76)/M4A2(76)/M4A3(76)	10883	
	M4(105)/M4A3(105)	4680	Artillery
	M4A3E2	254	Assault
	M10/M10A1/M35	6706	Anti-Tank/Prime Mover
	M36/M36B1/M36B2	2324	Anti-Tank
	M7/M7B1/Sexton	6466	Artillery
	M12	100	Artillery
	M40/M43	466	Artillery
	M32/M32B1/M32B2/M32B3	1562	Recovery
	M30	100	Ammunition Carrier
M24 (Chaffee)*	M24	4731	
M18 (Hellcat)*	M18	2507	
	M39	640	Utility Vehicle
Landing Vehicle (Tracked)*	LVT-1, 2, 3, 4	15498	
	LVT (A)-1, 2, 4, 5	3118	
M22 (Locust)*	M22	830	Airborne
CTLS/T16*	CTLS-4TAC, 4TAY	1600	
	CTMS, MTLS	50	
T26/M26 (Pershing)*	T26E3/M26	2202	
TOTAL		**120740**	

** different chassis*

Comparing the information from these two tables shows the following:

United States - 57 different versions on 8 different chassis with a production total of 120,740

Germany – 126 different versions on 26 different chassis with a production total of 54,147

These numbers make it very easy to understand that there was simply no way that the Panzerwaffe could ever hope to succeed as the war carried on, with over twice as many different vehicles and versions but less then half the production. Germany's manufacturing capabilities could never match that of the Allies, and the diversity of vehicles produced in the quest to meet the needs of the combat units meant that the supply chain would never be able to provide the necessary parts, replacements or sufficient re-building/repair facilities to keep the Wehrmacht's units in good order.

There is no doubt that the Heereswaffenamt was good at developing new and better weapons, but this undoubtedly led to other issues that counteracted this attempt to provide equipment that was superior to that of the enemy. Instead of taking the American (and Soviet) approach of quantity over quality (so to speak), the Wehrmacht was essentially choosing the exact opposite - quality over quantity. And this proved to be one of the factors in the Panzerwaffe's undoing. No matter how much better the Wehrmacht's vehicles were in firepower and/or armor protection and/or mobility, they could not succeed against overwhelming numbers.

Of course, the other significant factor that needs to be taken into consideration is that, even if Germany had taken the Allies' approach to production and development, as the war progressed there was simply no way for the Wehrmacht to match the manpower needed. Inferior equipment in the early war period was counteracted by superior training and leadership, but shortages of manpower and limited training time in the later war years meant that there was little chance for success with superior equipment, let alone if Germany had taken the Allies' approach of quantity over quality and was able to produce far greater numbers of vehicles.

While this is perhaps a bit of a simplistic approach to what is a very complex topic, the intent is to present a different perspective, putting some context into the diversity of vehicles presented in this latest volume of Panzerwaffe on the Battlefield. Hopefully this will provoke the reader to consider other factors when discussing the demise of the Panzerwaffe and the eventual capitulation of Germany.

Jon Feenstra

Péter Kocsis Collection

Annak ellenére, hogy már a háború kezdetén is elavultnak számított, a Pz.Kpfw. I szolgálatban maradt, és többnyire másodlagos szerepkörben tevékenykedett: ez a példány például több járművet igyekszik elvontatni a sáros úton, noha maga is küszködik a felázott talajjal. A váltómű szélesebb zárófedelei, az áthelyezett szerszámok és a torony emelőkampói alapján ez egy Ausf. B változat. A háttérben látható Sd.Kfz. 7 féllánctalpas vontató bal sárvédőjén harcászati jelzés, a jobb sárvédőjén egy beazonosítatlan alakulat jelzése látható.

Already obsolete by the start of the war, the Pz.Kpfw. I continued to soldier on, often in secondary roles such as this one being used to pull vehicles through a muddy track, although it appears to be having issues itself. It is identifiable as an Ausf.B by the wider transmission access hatch, re-located pioneer tools and turret lifting hooks. The Sd.Kfz. 7 halftrack in the background carries a tactical symbol on the left fender and an unknown unit marking on the right.

Péter Kocsis Collection

Miután harcjárműnek már nem igazán feleltek meg, számos Pz.Kpfw. I-et átalakítottak lőszerszállító, műszaki-mentő, vagy akár az itt is látható sebesültszállító járművé. Az 1. páncéloshadosztály Pz.Kpfw. I Ausf. B-je teljesen új, felül nyitott felépítményt kapott, amelyre egy másik Panzer I-ről leszerelt kinézőnyílásokat rögzítettek. A felépítmény sarkain látható durva hegesztések alapján a járművet tábori körülmények között alakították át. A „18”-ast követő pont a 2. páncélosezredet jelöli.

When no longer viable as a combat vehicle, many Pz.Kpfw. I were converted to munitions panzers, maintenance vehicles and even ambulances, as seen here. Belonging to 1.Panzer-Division, this Ausf.B has had a completely new open-topped superstructure added with driver vision port covers salvaged from multiple Panzer Is. It was probably built by a field workshop given the rough corner welding visible. The dot following the vehicle number “18” signifies Panzer-Regiment 2.

Péter Kocsis Collection

A Pz.Kpfw. I nyitotta azt a sort, amelyben az elavult harcjárművek alvázát önjáró lövegek építéséhez kezdték el felhasználni. Itt két Panzerjäger I-t látunk, amelynek 1940 márciusában kezdődött el a gyártása. A 616. (önjáró) páncélvadászosztály két járművét Vityebszk körzetében fényképezték le, 1942. december 1-én. A RAL 7021 sötétszürke alapszínre felvitt téli álcázófestés az első páncéloson gyakorlatilag magába olvasztja a hasábkeresztet, míg a másikon még kivehető maradt. A háttérben látható Horch 901 Kfz. 12-nek még a ponyvatetejét és a pótkerekét is lemeszelték.

The Pz.Kpfw. I started the trend of using obsolete tank chassis as the basis for self-propelled guns, in this case the Panzerjäger I, which began production in March 1940. These two vehicles from Panzerjäger-Abt. (Sfl) 616 are seen on December 1, 1942 in the vicinity of Vitebsk. Winter whitewash has been applied over the RAL 7021 Dunkelgrau, with the Balkenkreuz barely perceptible on the first vehicle but completely uncovered on the second. A Horch 901 Kfz. 12 is in the background with a complete whitewash, including its soft top and spare tire.

Péter Kocsis Collection

Két másik Pz.Jg. I a 616. páncélvadászosztály állományából ugyanazon a környéken, mint az előző képen látható járművek. Mindkét páncélos az 1. gyártási sorozatban készült, öt lemezből összeállított felépítménnyel és még a jobb sárvédőn elhelyezett antennával. A 616. páncélvadászosztály 1940 április-májusában összesen 27 Pz.Jg. I páncélost vett át, és ugyanennyi járművel rendelkezett a 4. páncéloscsoport alárendeltségében is, 1941. június 22-én, a „Barbarossa" hadművelet kezdetén. A háttérben álló jármű lövegét a kifejezetten erre a célra kialakított ponyva védi.

Another two Pz.Jg. I from Pz.Jg.Abt. 616 in the same vicinity as the previous photograph. All these vehicles are from the 1st Series with the 5-sided superstructure, which still carried the antenna trough on the right fender as seen here. Pz.Jg.Abt. 616 received its full allotment of 27 Pz.Jg. I in April and May 1940, and still had this number at the start of Operation Barbarossa on June 22, 1941 as part of Panzergruppe 4. The vehicle behind has the entire barrel assembly protected with a purpose-made cover.

Péter Kocsis Collection

A Pz.Jg. I gyártásával egy időben indult meg a 15 cm sIG 33 (Sf) auf Pz.Kpfw. I Ausf. B önjáró gyalogsági löveg gyártása is. A 701. (gépkocsizó) nehéz gyalogsági löveg-század B lövegéről a franciaországi hadjárat után készült ez a fénykép, amikor a jármű azonosító betűjével kezdődő becenevekkel – jelen esetben „Biene" (méh) – látták el az önjáró lövegeket. A páncélos Nr. 45 sötétbarna és Nr. 46 sötétszürke álcázószínekkel van lefestve, a frontpáncélzat nyílászáróját pedig minden bizonnyal a légi azonosíthatóság miatt festették fehérre. A katona bal válla felett a harcászati jelzés egy kis része látható.

At the same time as the Pz.Jg. I was starting production, so to was the 15cm sIG 33 (Sf) auf Pz.Kpfw. I Ausf.B, designed to provide close fire support to the infantry. This vehicle, Gun B from s.I.G. Kompanie (mot. S.) 701, is seen after the French campaign when this unit started to add nicknames beginning with the gun letter, in this case "Biene" (Bee). It is painted in the two-color camouflage of Nr.45 Dunkelbraun and Nr.46 Dunkelgrau, with a white glacis access hatch, most likely for aerial recognition. A tactical sign is just visible above the soldier's shoulder.

Péter Kocsis Collection

Ez a felettébb poros sIG 33 (Sf) auf Pz.Kpfw. I Ausf. B a 701. nehéz gyalogsági löveg-század F lövege. A fénykép 1941-ben, a balkáni hadjárat idején készült, a jármű kormányművének karbantartása közben. A szerelőnyílásban látható tárgy a két tengelykapcsoló egyike, amelynek a borítóeleme a fényszórónak támasztott lemez mögött látható hajlékony fémszalag. A bal első sárvédőt a páncélos melletti kőhalomra fektették. A felépítmény kinyitható toldaléklemezén látható nyomok felfedik a RAL 7021 sötétszürke alapszínt és rávilágítanak, hogy a lerakódó por milyen mértékben megváltoztathatja egy-egy szín megjelenését.

This very dusty 15cm sIG 33 (Sf) auf Pz.Kpfw. I Ausf.B is Gun F, also from s.I.G. Kompanie (mot. S.) 701, seen during the 1941 Balkans campaign undergoing maintenance to its steering unit. The circular object on the glacis is one of the two steering clutches and laying behind the access cover leaning against the headlight is the brake band that is normally wrapped around it. The left mud flap is on the pile of rocks to the right. The scuff marks on the rear door reveal the RAL 7021 Dunkelgrau and show how much dust can alter a color.

Péter Kocsis Collection

Az „512"-es Pz.Kpfw. 35(t) éppen kivontatni készül az „504"-es Pz.Kpfw. II-t egy árokból, valamikor 1939-ben, közvetlenül a Lengyelország lerohanását célzó „Fehér" hadművelet (Operation „Weiss") előtt. E két jármű vagy a 65. páncélososztály, vagy az 1. könnyűhadosztály 6. páncélosdandárának 11. páncélosezredéhez tartozott, mivel csak ezek az alakulatok rendelkeztek ebben az időszakban Pz.Kpfw. 35(t) harckocsival. A kinézőnyílások fedőlemezei, a toronykoszorút védő lemezek és a megerősített motorháztető alapján a Pz.Kpfw. II egy Ausf.B változat. Figyeljük meg a földön heverő szerszámosládát!

Pz.Kpfw. II "504" is about to be pulled from a ditch by Pz.Kpfw. 35(t) "512", sometime in 1939 prior to Fall Weiss, the invasion of Poland. They are either from Panzer-Abteilung.65 or Panzer-Regiment.11 / 6.Panzer-Brigade of 1.leichte-Division, as these were the only two units issued 35(t)s at this time. "504" is identifiable as an Ausf.B by the vision port covers, turret ring guard and scalloped reinforcing angle at the rear of the engine deck cover. Notice the open tool kit laying on the ground.

A Franciaország elleni invázió során a Pz.Kpfw. II viselte a harcok súlyát, hiszen 1940. május 1-én, a hadművelet kezdetekor 1092 darab állt a csapatok rendelkezésére. Ezek közül a harcok végeztével 240 került veszteséglistára, mint például ez az Ausf. C változat a 4. páncéloshadoszály kötelékéből. A hadosztály sárga jelzése a kibúvónyílás nyitott fedele mögött látható. A toronyszám „56"-nak tűnik, de szokatlan, hogy a két számjegy eltérő méretű, illetve a szám alá festett kis „R" betű is furcsa. A futómű sérülései és a romok alapján a páncélos egy nagy hatóerejű aknára futott rá.

The Pz.Kpfw. II bore the brunt of the fighting during the invasion of France, with 1,092 on strength on May 1, 1940 and 240 being lost by the end of fighting, such as this Ausf.C from 4.Pz.Div. The yellow divisional insignia is visible behind the open driver's hatch. The turret number appears to be "56", but it is unusual with one digit larger then the other and a small "R" below them. Given the suspension damage and debris on the vehicle, it most likely hit a large mine.

Péter Kocsis Collection

Ez a fehérre meszelt Pz.Kpfw. II Ausf. A, B vagy C, ami egy nagy halom, tüzérségi lőszerek szállítására és tárolására használt fonott kosár előtt áll, utólag lett ellátva kiegészítő toronypáncélzattal, homlokpáncélzattal és a teknő frontpáncélzatával, illetve a sárvédőre szerelt ládával és valószínűleg a parancsnoki kupolával is. A lakat mögött a sötét négyzetben az ötjegyű alvázszám (Fahrgestellnummer) látható, amelynek utolsó két számjegye „25”. Figyeljük meg a sárvédőn a futómű tartalék rugóját és az öntési varratokat a futógörgők gumijain!

This whitewashed Pz.Kpfw. II Ausf.A, B or C parked in front of a large pile of wicker shipping containers for artillery shells has been backfitted with additional armor on the turret front, driver's front plate and lower front hull, as well as the large stowage bin on the fender and most likely the commander's cupola. The 5-digit Fahrgestell Nummer (chassis number) is in the dark square behind the padlock and ends in "25". Notice the spare suspension spring on the fender and the mold seams on the rubber tires of the road wheels.

Péter Kocsis Collection

Egy másik, szintén kiegészítő páncélzattal, tároló rekesszel és parancsnoki kupolával feljavított Pz.Kpfw. II, amelynek épp karbantartják a váltóművét. Az emelőn látható az alvázszám első két számjegye (26), amely alapján ez egy Ausf. C változat, amelyet a 26001 és 26635 számsorban gyártottak. A háttérben álló Pz.Kpfw. II (F) Ausf. D1 (vagyis Flammpanzer II), illetve a „Guderian" páncéloscsoportot jelző, a tárolódobozra festett „G" betű alapján ezek a járművek a 100. (lángszórós) páncélososztály állományába tartoztak, amely 25 Pz.Kpfw. II-sel rendelkezett a fegyveres szakaszban és a törzsben.

Another Pz.Kpfw. II that has been updated with the additional armor, stowage bin and commander's cupola, undergoes maintenance on its final drives. The first two digits of the Fgst.Nr., "26", are visible on the jack which means this is an Ausf. C since this series went from 26001 to 26635. Given the Pz.Kpfw. II (F) Ausf.D1 (aka Flammpanzer II) in the background and the uniquely shaped "G" on the aforementioned stowage bin – for Panzergruppe Guderian – these vehicles are from Panzer-Abteilung (F) 100, which was allocated 25 Pz.Kpfw. II for the weapons platoon and command vehicles.

Miután harckocsiként elavult, a Pz.Kpfw. II-t önjáró lövegek alapjaként kezdték felhasználni. Az első változatot, a Pz.Sfl. I für 7,62 cm Pak 36 (r)-t az itt is látható Ausf. D2 alvázára építették (később az Ausf. D1 alvázát is felhasználták). Noha igencsak esetlen megjelenésű jármű, a rendkívül hatásos szovjet 76,2 mm-es löveg kiváló páncélvadásszá tette, amelyből több mint 200 darabot gyártottak 1942 áprilisa és 1943 júniusa között. A képen szereplő járművön semmiféle jelzést nem látni a hasábkereszten kívül, a RAL 7028 sötétsárga alapszínre azonban sűrű álcázó mintázatot festettek fel RAL 6003 olívzöld és RAL 8071 vörösesbarna színekkel.

Once it ceased to be a viable combat vehicle the Pz.Kpfw. II was used as the basis for SPGs, the first being the Pz.Sfl. I für 7.62cm Pak 36 (r) built on the Ausf.D2 chassis as seen here (and later the Ausf.D1 as well). While somewhat ungainly, the potent Russian 7.62cm gun made it a credible tank destroyer and over 200 were built between April 1942 and June 1943. This one is devoid of markings other then a Balkenkreuz but has a dense camouflage pattern of RAL 8017 Rotbraun and RAL 6003 Olivgrün stripes on the RAL 7028 Dunkelgelb base.

Karlheinz Münch Collection

A Pz.Sfl. I gyártását a Panzerjäger II für 7,5 cm Pak 40/2, közismertebb nevén a Marder II követte, amelyet a sokkal elterjedtebb Pz.Kpfw. II Ausf. c, A, B, C és F változatok alvázaira építettek. Ez a két fényszóró, eredeti lövegrögzítő szárak és a löveg két oldalán szögben döntött lemezek alapján korai gyártású jármű viszonylag újnak tűnik és valószínűleg RAL 7021 sötétszürke alapszínt kapott, illetve egy szokatlanul nagyméretű hasábkeresztet. A csőszájféket védő ponyvába egy fényvisszaverő prizmát rögzítettek az éjszakai menetek biztonságos végrehajtása végett.

Following close behind the production of the Pz.Sfl. I was the Panzerjäger II für 7.5cm Pak 40/2, better known as the Marder II, built on the more common Pz.Kpfw. II Ausf. c, A, B, C and F chassis. This early version, identifiable by the twin headlights, original type of gun barrel support and angled plates on either side of the gun, looks to be relatively new with an unusually large Balkenkreuz and appears to be finished in RAL 7021 Dunkelgrau. The muzzle brake cover has a built-in reflector for night travel.

Péter Kocsis Collection

A „Betti" szintén egy korai gyártású Marder II, csak épp elveszítette a bal oldali fényszóróját – és a lövegcsövén látható nyolc fehér győzelmi gyűrű alapján már kemény harcok tanúja lehetett. Úgy tűnik, a vezető kinézőnyílása mellett kétsornyi tartalék lánctalpat erősítettek fel. Mivel a felépítmény oldaláról az összes szerszám hiányzik, tisztán látható a jármű álcázó festése, amit valószínűleg RAL 6003 olívzölddel festettek fel a RAL 7028 sötétsárgára. A páncélos mellett egy „A" típusú generátor látható egy Sd.Ahn. 24 utánfutón.

"Betti" is another early Marder II which has lost its left headlight and looks like it has seen some hard service given the eight white kill rings on the barrel. Unusually, it appears to have two layers of track links secured beside the driver's visor. All the pioneer tools are missing from the superstructure side which allows a good view of the camouflage pattern, which is probably RAL 7028 Dunkelgelb and RAL 6003 Olivgrün. Next to it is a generator 'A' on a Sd.Anh. 24 trailer.

Archive of Modern Conflict

Az eltérő álcázófestés ellenére mindkét Marder II a 6. páncéloshadosztály 41. páncélvadászosztályának állományába tartozik. Az elöl álló járművön korai és későbbi gyártási jellegzetességeket is felfedezhetünk: két fényszórót és a K.F.F. 2 periszkóp két furatát a vezető kinézőnyílása felett, a vezetőállás oldaláról már hiányzik a kinézőnyílás, akárcsak a lemezek a löveg két oldaláról. Tekintve, hogy a 41. páncélvadászosztály 1943. március 10-én vette át az első járműveket, nehéz megállapítani a jármű színeit, de az alakulat más páncélosairól készült képek arra utalnak, hogy a RAL 7028 sötétsárgára RAL 6003 olívzölddel festették fel az terepmintát.

Despite having very different camouflage patterns, both of these Marder IIs belong to Panzerjäger-Abteilung 41 from 6.Pz.Div. This Marder has a mix of early and later features, two headlights and two holes above the driver's visor for the K.F.F. 2, but lacking the vision port on the side of the driver's compartment and the angled plates either side of the gun. Camouflage colors are difficult to determine given that Pz.Jg.Abt. 41 took its first deliveries March 10, 1943, but other photos of the unit seem to indicate RAL 6003 Olivgrün over RAL 7028 Dunkelgelb.

A felszerelt MG 34 géppuska mellett még rengeteg felszerelési tárgyat is felmálházták erre a Marder II-re: ládákat, deszkát, M1931 sátorlapot (Zeltbahn) és még egy kétemberes fűrészt is. A személyzet valami rúdfélét rögzített a sárvédőre, hogy alátámassza a deszkát. A járművön a rohamsisakok alatt egy szokatlanul nagyméretű fehér „2" és egy szintén méretes hasábkereszt látható. Figyeljük meg lerakódott száraz és nedves sarat a futóművön!

This Marder II has its MG 34 mounted and carries an inordinate amount of stowage – boxes, timber, M1931 Zeltbahns (tent quarters) and even a two man saw. The crew has used some type of rod or post secured to the fender to support the timber. It carries an unusually large tactical number "2" in solid white behind the helmets, and an equally large Balkenkreuz if the portion visible behind the saw is any indication. The mixture of dry and wet mud on the suspension is interesting.

Archive of Modern Conflict

Rendkívül hatékonynak tűnik a sötétsárga alapon olívzöld terepmintázatra sávosan felvitt fehér álcafestés az erdős környezetben rejtőzködő Marder II-en. A járművön a kései gyártású járművek összes jellegzetessége megtalálható, beleértve az egyetlen Bosch fényszórót is a bal sárvédőn. Jól látható a frontpáncélzatra gyárilag felszerelt tartólemez, amelybe két, egymással szembe fordított tartalék lánctalp-szakaszt lehetett elhelyezni. A páncéloson semmilyen jelzést sem lehet látni, még a felépítmény oldalára festett hasábkeresztnek is csak egy apró csücske látszik ki a téli álcázó festés alól.

The vertical striped whitewash over two color Dunkelgelb and Olivgrün camouflage is quite appropriate for the forest setting this Marder II is in. It exhibits all the features of a late production vehicle including a single Bosch headlight on the left fender. This also provides a good view of the factory installed bracket on the lower front plate that allowed two sets of spare track links to be carried facing one another. Although devoid of markings, the tip of a Balkenkreuz is just visible on the side, covered by the winter camouflage coat.

Péter Kocsis Collection

A Geschützwagen II für le.F.H. 18/2 „Wespe" volt az első (német) önjáró tüzérségi eszköz, amely német gyártású jármű alvázára épült, a Pz.Kpfw. II-re. A kezelőszemélyzet tábori körülmények között egy tároló rekeszt barkácsolt a vezetőállás mellé. A páncélos oldalán minden jelzés felfedezhető, és a 31048-as alvázszám alapján megállapítható, hogy a jármű a 17. páncéloshadosztály 27. páncélos-tüzérezredének I. osztályához tartozott. Az önjáró tarackok fehér harcászati jelzése szerint a löveg a 2. üteg állományában harcolt. A stilizált fehér lőszer vélhetően az alegység jelzése volt, a fekete vasúti súlytáblázat pedig gyakran megfigyelhető a Wespéken. Az önjáró lövegen háromszínű álcázófestés látható, a küzdőteret pedig ponyva takarja.

The Geschützwagen II für le.F.H. 18/2 "Wespe" was the first artillery piece to use a German designed chassis, the Pz.Kpfw. II. The crew of this vehicle has built an adhoc stowage rack next to the driver's compartment. It carries a full suite of markings on the side and the black Fgst.Nr. 31048 tells us it belongs to I.Abteilung / Panzer-Artillerie-Regiment.27 of the 17.Pz. Div. The white tactical sign for a self-propelled howitzer indicates 2.Batterie. The black outlined white artillery shell must be a unit symbol and it also carries the black railroad loading label, commonly seen on Wespen. It has a three-color camouflage scheme and the all-weather cover over the fighting compartment.

Péter Kocsis Collection

A Pz.Kpfw. IV mellett a Pz.Kpfw. III volt a németek által gyártott első olyan harcjármű, amely már ténylegesen is frontvonalbeli szolgálatra alkalmasnak minősülhetett, de még a franciaországi hadjárat kezdetekor is csak a rendelkezésre álló páncélosok mennyiségének alig 10 %-át tette ki. A torony elé erősített, alig észrevehető lövedékterelő lemez alapján megállapíthatjuk, hogy ez egy Ausf. F változat. A motorház tetején hadifogságba esett francia katonákat szállító harckocsi egy másik járművet vontat. A fényképen jól megfigyelhető, hogy a felhajtható sárvédőn egy nyílást alakítottak ki a hátsó lámpa részére, illetve, hogy a sárvédő alatt volt még egy merevítőlemez is. Figyeljük meg a futógörgők szokatlan kopását!

Along with the Pz.Kpfw. IV, the Pz.Kpfw. III was the first AFV produced by Germany that could be considered a credible front line combat vehicle, but even at the start of the French campaign it made up only 10% of the panzers available. The just visible turret ring shot deflector on this Pz.Kpfw. III confirms that it is an Ausf. F, seen towing another vehicle with captured French soldiers on its engine deck. It provides a good view of how the taillights protruded through the holes in the mudflaps when they were flipped up and the extra flap underneath. Notice the unusual concave wear of the road wheels.

Péter Kocsis Collection

▲

Ebből a szemszögből sajnos megállapíthatatlan, hogy ez a Stonne közelében, 1940 májusában kilőtt Pz.Kpfw. III vajon Ausf. E vagy F alváltozat lehet-e. A harckocsi a torony hátulján látható, a megszokottól eltérően fejjel lefelé felfestett fehér Wolfsangel alapján a franciaországi hadjárat során a 10. páncéloshadosztály alárendeltségében harcoló 8. páncélosezredhez tartozott. Az ezred harcjárművein a torony hátuljára – és néha az oldalára – festett fehér sávok jelölték a századokat: az 1., 2. és 3. századok egy, kettő vagy három függőleges, az 5., 6. és 7. századok egy, kettő vagy három vízszintes sávval voltak jelölve. A képen tehát az 5. század járműve látható.

▲

From this view, it is impossible to determine if this Pz.Kpfw. III is an Ausf.E or F, knocked out in May 1940 near Stonne. It is from Panzer-Regiment 8, which was part of 10.Pz.Div. during the French campaign, as indicated by the white Wolfsangel on the turret rear, although it has been applied upside down to what was normally seen. This regiment used white lines on the turret rear (and sometimes the sides) to indicate the company – one, two or three vertical lines for 1, 2, and 3rd companies, and one, two or three horizontal lines for 5, 6, and 7th companies. As such, this vehicle is from 5.Kompanie.

Péter Kocsis Collection

A 8. páncélosezredet a 15. páncéloshadosztály alárendeltségébe utalták, és 1941. április-májusban Észak-Afrikába szállították. Ezt a Pz.Kpfw. III Ausf. H-t egy olaszországi kikötőben hajózzák be. A futó- és a visszafutó görgők peremét egy Nápolyban végrehajtott felvonulás alkalmából festették fehérre. A 2. századot jelölő „2"-es toronyszám és a frontpáncélzatra festett függőleges vonallal keresztezett háromszög valószínűleg piros, míg az emelőkábel által részben takart „231"-es harcászati azonosítószám fekete. A páncélos az első típusú afrikai álcázófestést viseli, kétharmadát RAL 8000 sárgásbarna, egyharmadát RAL 7009 szürkészöld szín fedi. A harckocsik tornyán egyforma, az üzemanyagkannák tárolására szolgáló rekeszek vannak.

Pz.Rgt.8 was next assigned to 15.Pz.Div. and shipped to North Africa in April and May 1941, including this Pz.Kpfw. III Ausf.H being loaded aboard a vessel in Italy, still with white painted road wheels and return rollers from a parade held in Naples. The turret number "2" for 2.Kompanie and the divisional marking of a triangle with a line through it on the front plate are probably red, whereas the full vehicle number "231" obscured by the lifting cable is black. It is painted in the first African camouflage scheme of 2/3 RAL 8000 Gelbbraun and 1/3 RAL 7009 Graugrün. Notice that all the vehicles have the same turret jerrycan rack, a common feature of this regiment's tanks.

Péter Kocsis Collection

A nyakukban lógó tábláról könnyen beazonosítható két tábori csendőr tartóztat fel egy Pz.Kpfw. III oszlopot egy lerombolt városban. Az élen a homlokgéppuska áttervezett gömbpajzsáról és a vezető kinézőnyílásóról felismerhető Ausf. J látható, amit két Ausf. H és valószínűleg egy Ausf. G követ. Az összes harckocsi 5 cm-es Kw.K L/42-es löveggel van felfegyverezve. Az egyetlen látható jelzés a homlokpáncél jobb felső sarkán felfedezhető fekete rombusz, a páncélos-alakulatok jelzése egy „4"-es számmal, amely a 4. századra utal. Figyeljük meg a tartalék futógörgők lyukaiba csúsztatott csapszegeket, illetve, hogy a kezelők leszerelték mindkét fényszórót! A homlokpáncélra erősített pótlánctalp elé egy festőpalettát támasztottak.

A column of Pz.Kpfw. III halted in a destroyed town by two Feldgendarmerie, identifiable by their distinctive gorgets. In the lead is an Ausf.J with its redesigned MG ball mount and driver's vision port, followed by two Ausf.H and what is probably an Ausf.G third in line. All are armed with the 5cm Kw.K. L/42. The only visible marking is in the top right corner of the front plate, a panzer rhomboid in black with a number "4" indicating 4.Kompanie. Note the track pins sticking out of the spare road wheel and that the crew has removed both headlights. What appears to be a painter's palette (!) is on the front plate.

Péter Kocsis Collection

Egy újabb, 5 cm-es Kw.K L/42 löveggel felszerelt Pz.Kpfw. III Ausf. J, ezúttal egy olyan szögből fényképezve, amelyből jól látszik a változat egy másik jellegzetessége: a páncélteknő oldallemezének megnövelésével kialakított vontatófurat. A torony oldalán halványan kivehető a fehér „1"-es harcászati azonosítószám. Figyeljük meg a futógörgők, a visszafutógörgők és a láncfeszítőkerék fémesre kopott belső felületét!

Another Pz.Kpfw. III Ausf.J with 5cm Kw.K. L/42, this time providing a clear view of another Ausf.J identifying feature, the new front towing points created by lengthening the hull sides. A faint tactical number is present on the turret side, a "1" in white outline. Note the worn metal visible on the inside of the road wheels, return roller and idler.

Valahol a keleti fronton ennek a Pz.Kpfw. III-nak a kezelői egy tipikus orosz nádtetős ház oldalát és kivágott facsemetéket, illetve gallyakat használtak a páncélos álcázásához. A jármű valószínűleg egy 5 cm-es Kw.K 39 L/60 löveggel felszerelt Ausf. J, de az sem lehetetlen, hogy egy 1942 áprilisában átnevezett Ausf. L változat. A harcászati azonosítószám stencillel felfújt „35"-nek tűnik, maga a harckocsi pedig valószínűleg RAL 7021 sötétszürke színű.

Somewhere on the Russian front, the crew of this Pz.Kpfw. III has used a combination of cut down saplings and branches, and the side a typical Russian thatched roof house, to camouflage their vehicle. This is most likely an Ausf.J armed with the 5cm Kw.K. 39 L/60, although it would have been subsequently renamed an Ausf.L in April 1942. The turret number in white stencil appears to be "35" and the vehicle is most likely finished in RAL 7021 Dunkelgrau.

Péter Kocsis Collection

1942 áprilisa és szeptembere között a legtöbb Pz.Kpfw. III Ausf. L úgy készült el, hogy a frontpáncélzatra felkerült a kiegészítő páncélzat, a toronyra azonban csak annak a tartókeretét hegesztették fel. Ez a harckocsi júniusban készült annak a teszt-szériának a tagjaként, amelyet 5 vagy 6 élőerő elleni aknavetővel (S-Minenwerfer) szereltek fel - ezek közül itt három látható a sárvédőn. A harcjárműveket a 13. páncéloshadosztály 4. páncélosezredének III. osztályához osztották be, a 7. és a 8. század állományába (itt a torony oldalán részben kivehető 8-as alapján a 8. század járműve látható). A hadosztály jelzése, egy körrel határolt kereszt jól látható a frontpáncélon, illetve az oldallemezen is. Figyeljük meg az antennára erősített kisméretű zászlót!

Between April and September 1942 most Pz.Kpfw. III Ausf.L were completed with Vorpanzer (spaced armor) on the front plate but with only the mounting frame welded to the gun mantlet. This particular vehicle was built in June as part of a test series mounting 5 or 6 S-Minenwerfer (mine dischargers) on the fenders, of which 3 are visible here. They were assigned to the 7. and 8.Kompanies (here 8.Kp as a black "8" outlined in white is just visible on the turret) of III.Abt./ Panzer-Regiment 4. Pz.Rgt.4 was part of 13.Pz.Div. as clearly seen by the divisional emblem of a circle with a "+" on the front plate and on the side in front of the vision port. Notice the small pennant flying from the antenna.

Péter Kocsis Collection

A parancsnoki járművek fontos részét képezik a páncéloshadosztályoknak. A Pz.Kpfw. III típusból az itt látható, a lengyelországi hadjárat során alkalmazott jellegzetes nagy fehér hasábkereszttel ellátott Ausf. D1 változat volt az első, amelyet ilyen célra alakítottak át. A tornyot a páncéltesthez csavarozták, és az igazi 3,7 cm-es L/46.5 löveg helyett egy fából készült csőmásolattal látták el. A fekete rombusz alakú táblán, ha nehezen is, de kiolvasható az „RN1" jelzés, amely az ezredparancsnok járművét takarta. A torony oldalán a gót betűtípussal írt, feketével árnyékolt fehér név „Fitz"-ként olvasható. A páncélos minden bizonnyal készen áll a bevagonírozásra, a táblán olvasható lengyel „RAMPA" jelentése ugyanis felhajtó vagy rámpa.

Command vehicles were an important part of the panzer divisions, and the first to be built using the Pz.Kpfw. III chassis was the Ausf.D1 seen here in the Polish campaign with the distinctive solid white Balkenkreuz. The turret was bolted to the hull and the 3.7cm Kw.K. L/46.5 was a wooden fake. Barely visible on the black fender rhomboid number plate is "RN1" indicating the regimental commander's vehicle. The name on the turret is in white with a black shadow and appears to be " "Fitz" ", written in Gothic script. It must be getting ready to load onto a railway car – "RAMPA" is Polish for ramp.

Az előtét páncélzat négy rögzítőlemeze alapján ezt a tüzérségi megfigyelő páncélost (Panzerbeobachtungswagen III) egy Pz.Kpfw. III Ausf. F bázisán alakították ki, amelyet ugyanakkor felújítottak és későbbi gyártású meghajtókerékkel, láncfeszítőkerékkel, lengéscsillapítókkal, 40 cm-es lánctalppal és valószínűleg 95 mm szélességű futógörgőkkel láttak el. A toronyra köténylemezeket szereltek, de felfedezhető rajta néhány szokatlan megoldás is: a korai parancsnoki kupola elé erősített terelőlemez, a jobb oldalon kialakított jelzőnyílás helyére átépített szellőztető ventilátor (így biztosították helyet a TBF 2 periszkópnak), illetve az ál-löveg helyére beépített géppuska-tartó gömb.

This destroyed Panzerbeobachtungswagen III was converted from a Pz.Kfpw. III Ausf.F based on the four tiebacks for the front Vorpanzer, but upgraded with later drive sprockets, idlers, shock absorbers, 40cm tracks and most likely 95mm wide road wheels. The turret has been upgraded with Schürzen but has some unusual features, with an armored guard in front of the early cupola, the ventilation fan re-located to the signal port opening on the right side (to make room for the Turmbeobachtungsfernrohr 2 (TBF 2) periscope opening) and what appears to be the standard MG housing where the fake gun barrel should be.

Péter Kocsis Collection

A Pz.Kpfw. III alváz leghatékonyabb felhasználásának a Sturmgeschütz III sorozat létrehozása bizonyult. A képen látható rohamlöveg egy anomália, hiszen a láncfeszítőkerék és a frontpáncélzat vízszintes lemezén lévő nyílászárók alapján egy Ausf. B alvázára építettek egy, a löveget magába foglaló nyílás alakja és a 30 mm-es hegesztett homlokpáncélzat alapján Ausf. F/8 felépítményt. Mivel az Ausf. F-ben használt rádiót takaró páncélozott doboz nem fért rá az Ausf. B sárvédőjének a tartóira, az Ausf. A-D-ken alkalmazott másodlagos páncélzattal fedték le a nyílást. Hogy mindezt a megoldást teljessé tegyék, egy 7,5 cm-es L/24 StuK 37 löveget szereltek a járműbe és RAL 7028 sötétsárgára festették, amelyet RAL 6003 olívzöld foltokkal álcázták.

The most successful use of the Pz.Kpfw. III chassis was to build the Sturmgeschütz III series. This vehicle is an anomaly, as it appears to be an Ausf.B chassis based on the rear idler and large hatch locks on the bow inspection hatches but has a StuG III Ausf. F/8 superstructure based on the shape of the gun opening, complete with additional 30mm welded armor on the front plate. Since the armored radio pannier wouldn't fit over the Ausf.B fender brackets, the Ausf.A-D secondary armor has been used to cover the hole in the side. And to complete the unusual nature of it, a StuK 37 7.5cm L/24 gun is mounted and it is painted in RAL 7028 Dunkelgelb with a faint RAL 6003 Olivgrün camouflage.

Péter Kocsis Collection

Ennek a StuG. III Ausf. G-nek, amelynek épp szerelik a meghajtókerekét, az előző képen látható páncélostól eltérően nem hegesztett, hanem csavarozott 30 mm-es kiegészítő páncélzat van a frontlemezén. Kifejezetten érdekes a légbeömlő felett elhelyezett hengeres előszűrő, amelynek látható a belső szűrőeleme is. A páncélteknő oldalára rudakat hegesztettek, amelyek tartalék lánctagokat tartanak. A motorháztetőn elhelyezett pót futógörgő lyukaiba tartalék csapszegeket illesztettek. A sárvédő enyhe íveltsége a kalapács alatt arra utal, hogy a harcjárművet 1942 decembere és 1943 februárja között gyártották.

This StuG III Ausf.G undergoing sprocket maintenance has the additional 30mm bolted armor on the front plate, unlike the previous vehicle's welded type. Of particular interest is the tubular pre-filter mounted above the air inlet with the internal filter component visible. A rod type of bracket has been welded to the lower hull for spare track links and there are track pins stuck in the spare road wheel on the engine deck. The slightly bent fender where the sledgehammer is resting indicates this vehicle was built between December 1942 and February 1943.

Péter Kocsis Collection

A 201. rohamlövegosztály StuG. III oszlopa. Érdekes a fehér szegélyes fekete „307”-es azonosítószám keskeny és hosszúkás betűtípusa. A jármű az ALKETT-nél készült 1943. február – április között, mivel még nincs köténylemeze, de a vezető előtt 30 mm-es csavarozott páncélzat látható. A hátrébb álló StuG a MIAG gyárában készült 1943 március-áprilisában, hiszen erről is hiányzik a kötényzet, szintén 30 mm-es csavarozott kiegészítő páncélzata van, de a MIAG járművekre jellemzően a vezető kinézőnyílása felett hiányzik a középső csavar.

This column of StuG III Ausf.G is from Sturmgeschütz-Abteilung 201. The thin and elongated font of “307”, in black with a white outline, is interesting. This vehicle was built by Alkett between February and April 1943 since it lacks Schürzen but has the 30mm bolted armor in front of the driver. The rear StuG was built by Miag between March and April 1943 as it lacks Schürzen as well but also has the 30mm bolted armor, in this case with the missing center bolt above the driver’s visor that was unique to Miag.

Péter Kocsis Collection

A 201. rohamlövegosztály StuG. III Ausf. G rohamlövegei. A „302"-esen ugyanolyan tábori átalakítások láthatók, mint az előző képen hátul álló járművön, de a „302"-es már kötényzettel készült. Az 5 mm-es lemezeket a felépítmény oldalának támasztották és a vízszintes tartósínből – amire eredetileg felakasztották a lemezeket - kivágott darabokkal rögzítették, hogy növeljék a páncélvédelmet. A kötényzet tartókonzoljai és a sárvédőt tartó cső alapján a StuG. 1943 áprilisa és júniusa között készült, ám nehéz lenne megállapítani, hogy a MIAG vagy az ALKETT gyárában.

More StuG III Ausf.G from StuG-Abt.201. "302" carries the same field modification as the rear vehicle in the previous photo, although 302 was manufactured with Schürzen. The 5mm skirts have been stacked against the superstructure sides and secured with the cut pieces of the horizontal rails normally used to hang the skirts from, no doubt to improve armor protection. This StuG was built between April and June 1943 due to the presence of the Schürzen brackets and the tubular fender support brackets, but it is difficult to determine if it was Miag or Alkett.

Erre a StuG. III Ausf. G-re lecsaptak a szovjet repülőgépek. Noha alig lehet kivenni, úgy tűnik, hogy a „312"-es farpáncélján az ALKETT által használt Zimmerit mintázat van. Ez, együtt a töltő-kezelő géppuskájának pajzsával, a motor hátsó légkiömlőjének négysornyi csavarjával, a rögzített hátsó sárvédővel, a korai kötényzettel és a gyárilag felszerelt tárolólemezekkel arra utal, hogy a páncélos 1943 novembere és 1944 márciusa között készült. A valószínűleg fehér keretes fehér harcászati azonosítószám igencsak stilizált. Figyeljük meg a nyitott külső indítónyílást és a táborilag felszerelt háromszög alakú konzolt a sárvédő szélén, ami valószínűleg arra szolgált, hogy megakadályozza a törmelék bejutását a kötényzet és a sárvédő közé!

This StuG III Ausf.G was caught in a Soviet air strike. While barely perceptible, "312" seems to have Zimmerit on its rear plate in the Alkett waffle pattern. This, in combination with the loader's MG shield, 4 rows of bolts for the engine air outlet on the rear plate, fixed rear mudflaps, early Schürzen and the factory installed stowage rail, indicates it was built between November 1943 and March 1944. The tactical number is in a very stylized font and is probably painted black with a white outline. Notice the open starter crank cover and the field installed triangular bracket on the edge of the fender, most likely to keep debris from getting between the Schürzen and fenders.

TsAMO

Ezen az 1945. március 25-én készült fényképen még tisztábban látszik az ALKETT által a StuG. III Ausf. G-ken alkalmazott zimmerit-mintázat. A páncéloson öntött („Saukopf" – „disznófej") lövegpajzs van, amelyet – akárcsak a zimmeritezést – 1944 szeptemberétől már nem gyártottak. A géppuska pajzsának megléte és az utolsó változatú meghajtókerék ugyanakkor arra utal, hogy a járművet valamikor 1944 márciusa és júniusa között gyártották. Az előtérben egy 7,5 cm-es PaK 40 páncéltörő ágyú és egy szekér áll, utóbbiban egy MG 42 géppuska is hever, az oldalán pedig kiolvashatatlan felirat látható. A háttérben egy T-34/85 harckocsi vontat egy ZiSz-5 teherautót.

Taken on March 25, 1945, this is another StuG III Ausf.G that more clearly shows Alkett's waffle pattern Zimmerit. It also has the cast Topfblende mantlet (aka saukopf, "pig's head"), both of which were discontinued in September 1944. However, the presence of the loader's MG shield and the final version of the drive sprocket with a simple hole in the middle indicate production between March and June 1944. In the foreground is a 7.5 cm Pak 40 anti-tank gun and a wagon with an illegible marking and MG 42 sticking out of it, while in the background a T-34/85 pulls a camouflaged ZIS-5 truck.

Miután a StuG. III-ból páncéltörő fegyver lett, új gyalogsági támogató változatra lett szükség: ez lett az itt látható, 10,5 cm-es tarackkal felfegyverzett Sturmhaubbitze. Az összes StuH-ot az ALKETT gyártotta, a korai kötényzet a páncélteknő 80 mm-es frontpáncélzatával és a Zimmerit hiányával pedig arra utal, hogy a „131"-es 1943 áprilisa és október között készült. A kötényzet előtt látható vasúti adattáblázat nem volt gyakori a StuH-okon. A szovjet katona karjánál valószínűleg a rohamlöveg-századok harcászati jelzésének egy része látható. Figyeljük meg a vontatónyílásba akasztott „C" alakú vonóhorgot!

Once the StuG III became an anti-tank weapon, a new infantry support version was needed, hence the Sturmhaubitze seen here with a 10.5cm howitzer. All StuH were manufactured by Alkett and the early Schürzen in combination with 80mm armor on the front hull and lack of Zimmerit indicate production of black "131" occurred between April and October 1943. There is also a load label, unusual to see on a StuG/StuH, in front of the Schürzen and another marking behind the Russian soldier, possibly the tactical symbol for a StuG company. Notice the C-hook hanging from the towing eye.

Péter Kocsis Collection

A Pz.Kpfw. IV volt a Panzerwaffe egyetlen járműve, amelyet 1939-től 1945-ig bevetettek. Ez az Ausf. C nem túl szerencsés helyen robbant le – a bal oldali meghajtókerekét és a kihajtás házát már leszerelték. Figyeljük meg a frontpáncélzat vízszintes lemezére hegesztett kampókat, amelyek tartalék lánctagokat tarthattak! A páncéloson semmilyen jelzés nem látható, a mellette elhaladó Adler W 61 K mentőautón azonban felfedezhető a 60. (gépkocsizó) gyaloghadosztály dupla keresztje. A hadosztály a Jugoszlávia elleni hadjárat során – amelyet a környezet sugall – az 5. és a 11. páncéloshadosztályokkal az 1. páncéloscsoport alárendeltségében harcolt.

The Pz.Kpfw. IV was the mainstay of the Panzertruppen, the only vehicle to be used for the entire war from 1939 – 1945. This Ausf.C has chosen a poor location to suffer a breakdown, with the sprocket and final drive on the left side already removed. Notice the hooks welded on the glacis, possibly for spare track. There are no markings visible anywhere, but the Adler W 61 K ambulance has the double cross insignia of 60.Infanterie-Division (mot), which operated in Panzer-Gruppe 1 with 5. and 11.Panzer-Divisionen during the invasion of Yugoslavia, which the terrain here suggests.

Péter Kocsis Collection

A 15. páncéloshadosztály 8. páncélosezredének Pz.Kpfw. IV Ausf. D harckocsiját egy olaszországi kikötőben rakodják fel egy Észak-Afrikába tartó hajóra. A tornyon elhelyezett tartalék futógörgőket ugyanúgy fehérre festették, mint a korábban látott Pz.Kpfw. III esetében, ezek egy nápolyi felvonulásnak az emlékei. Jól megfigyelhető a torony tetejére rögzített, fából készült rekesz, amely üzemanyagkannák tárolására szolgált, és az is jól látható, hogy ez a harckocsi egyike annak a 30 Ausf. D-nek, amelynek a trópusi bevetéshez átalakított, szellőzőrésekkel ellátott motorházfedele volt. A bal sárvédőn egy, még a korábbi Ausf. A változatokon alkalmazott géppuskaállvány is észrevehető, ezt a 8. páncélosezred számos Pz.Kpfw. IV harckocsijára felszerelték.

This is a Pzkpfw. IV Ausf.D from Panzer-Regiment 8 / 15.Pz.Div. being loaded aboard a ship in Italy bound for North Africa. The spare road wheels on the turret are painted white as per the Pz.Kpfw. III seen previously, a carryover from a parade in Naples. This provides a good view of the wooden rack for jerrycans on the turret roof, and we can also see that this is one of about 30 Ausf.D that were converted for “Tropen” employment by installing engine deck hatches with ventilation slits. Also visible is an Ausf.A fender mounted MG bracket that was retrofitted to several Pz.Rgt.8 Pz.Kpfw. IVs.

Egy másik Pz. IV beemelése ugyanarra a hajóra, amelyet egy korábbi képen láttunk, s amelyre akkor egy Pz. III-t emeltek be. Ez egy Ausf. E, amelynek 30 mm-es kiegészítő páncélzattal (Zusatzplatten) látták el a felépítménye elejét és oldalát, illetve a páncélteknőjét. Már megkapta az afrikai álcázófestést, a jármű kétharmadát RAL 8000 sárgásbarna, egyharmadát RAL 7009 szürkészöld szín fedi és még a toronyra erősített tartalék futógörgőt is lefestették. Ahogy az a 8. páncélosezred járművein gyakori volt, ezen a páncéloson is egyjegyű toronyszám van, más fényképek alapján valószínűleg piros „3". Figyeljük meg a „W" jelzést a kanna oldalán, ez gyárilag került fel a vizeskannákra!

Another Pz.Kpfw. IV is loaded, this picture clearly showing it is the same ship as seen in the previous Pz.Kpfw. III photo. This is an Ausf.E that has received the 30mm Zusatzplatten (supplementary armor) on the superstructure front and the applique armor on the sides and lower hull. It has already received its African camouflage scheme of 2/3 RAL 8000 Gelbbraun and 1/3 RAL 7009 Graugrün and the spare road wheel on the turret was painted over as well. As was common with Pz.Rgt.8, it carries a single digit tactical number on the turret that is probably "3" in red based on other photographs. Note the "W" on the jerrycan, which was a common factory applied marking on water cans.

Péter Kocsis Collection

A Pz.Rgt.8 beérkezett Tripoliba. A Pz.Kpfw. IV Ausf. D-n jól láthatók az alakulat jelzései és a 7. század megoldása ahogy az ásót a torony hátsó tárolódobozának a tetejére rögzítették. A jelzések fekete színűnek tűnnek, esetleg pirosak, vagy a kettő keveréke. A „7"-es harcászati azonosítószám mellett láthatjuk a 15. páncéloshadosztály emblémáját és a páncéloserzed Wolfsangel jelzését is – ezúttal a korábban látott Pz. III-sal ellentétben megfelelő irányban felfestve. A harckocsik sárvédőjén lévő három-három fehérre festett kanna van és a búvónyílások belsejét is a nápolyi felvonulás miatt fehérre festették. A torony tetejére erősített tárolórekeszeket már tele pakolták, illetve az élen haladó páncélos tárolódobozának az oldalán egy, kör alakú harcászati jelzés látható.

Pz.Rgt.8 has arrived in Tripoli and the rear view of this Pz.Kpfw. IV Ausf D provides a good look at the typical markings as well as the unique shovel stowage for 7.Kompanie on the turret bin. The markings appear to be black but could also be in red or a mix thereof. Along with the tactical number "7", we see the 15.Pz.Div. emblem and the regimental Wolfsangel, in this case with the correct orientation compared to the Pz.Kpfw. III seen earlier. All the tanks have three solid white painted jerrycans mounted on the fender and the hatch interiors are painted white as well, all for the Naples parade. Note that the turret roof rack is now filled with jerrycans and the lead vehicle has a circular tactical marking on the stowage bin.

Péter Kocsis Collection

A 15. páncéloshadosztály végül megérkezett a sivatagba. A páncélosra pakolt jelentős mennyiségű felszerelés megnehezíti a beazonosítást, de a torony tetejére erősített tárolórakasz és a vezető kinézőnyílása alapján ez egy Pz.Kpfw. IV Ausf. D a 8. páncélosezred állományából. Érdekes a felmálházott anyagok között a hírhedt „SHELL" logóval ellátott faláda és ismét a „W" a kannák fehér sávján. Az észak-afrikai hadjárat kezdetén a német katonák még gyakran viselték a klasszikus parafa-kalapokat. Figyeljük meg a lehajtott fellépőt a sárvédő szélén!

15.Pz.Div. has finally arrived in the desert. The amount of stowage on this Pz.Kpfw. IV is amazing, but the jerrycan rack on the turret and the visible driver's vision port confirm it is an Ausf.D from Pz.Rgt.8. Of interest amongst the stowage is the wooden crate with the infamous "Shell" logo, and the "W" once again visible on the white stripe of the jerrycan. As was common in the early days of the North African front, pith helmets are still in frequent use and notice the deployed folding step on the fender.

Péter Kocsis Collection

Nem csak a katona, maga a Pz.Kpfw. IV Ausf. F is mozgásban van ezen a fényképen – figyeljük meg az elmosódó meghajtókereket és a lánctalpról leomló havat! A légkiömlő rácsok takarólemezei zárt állapotban vannak, hogy bent tartsák a meleg levegőt a motortérben. A toronyszám kiolvashatatlan a fehér álcázószín takarásában. A két harckocsit 1941-1942 telén fényképezték le.

Despite the crewman moving about, this Pz.Kpfw. IV Ausf.F is in motion – notice the blurred sprocket and snow falling off the front of the tracks. The covers are closed on the air outlet grille to keep in the warm air and the tactical number on the turret is illegible, as it was covered over when the whitewash was applied. These two vehicles are seen during the winter of 1941-42.

Péter Kocsis Collection

Ez a Pz.Kpfw. IV a korai gyártású Ausf. G-k jellegzetességeivel rendelkezik. Ezeket a változatokat 1942 júliusáig Ausf. F2-nek hívták, ekkor azonban az összes hosszúcsövű verziót átnevezték. A képen látható, már az L/43 kaliberhosszúságú Kw.K 40 löveggel felszerelt járművet 1942 április-májusban gyártották. Még hiányzik a lövegcső alá szerelt antennaterelő és a bal sárvédőre rögzített tűzoltókészülék is a korai típus. A kép jobb szélén egy Pz.Kpfw. III Ausf. L páncélteste látható a nagyobb méretű szellőzőnyílásokkal és az azokat fedő elemekkel.

This Pz.Kpfw. IV has all the characteristics of an early Ausf.G, originally designated an Ausf. F2 until July 1942 when the nomenclature for all long-barreled vehicles was changed. It was probably built in April or May 1942 and is armed with the Kw.K.40 L/43 but lacks an aerial guard. It still carries an early fire extinguisher on the left fender. To the right is the hull of a Pz.Kpfw. III Ausf.L with the larger fan compartment hatches complete with armored covers over the ventilation holes.

Péter Kocsis Collection

Egy újabb korai Pz.Kpfw. IV Ausf. F2 (G), ami a torony kinézőnyílásai és a Notek-lámpa, illetve a bal sárvédőről még hiányzó tartalék futógörgő-tároló és az antennaterelő hiánya alapján valószínűleg szintén 1942 áprilisában vagy májusában készült. Amennyiben mérvadónak tekintjük a löveget védő ponyva alakját, úgy a Kw.K L/43 lövegen gömb alakú csőszájfék van. Az egyetlen jelzés egy fehér keretbe foglalt sötét színű páncélos-rombusz a sárvédőn. A tartalék lánctagokba helyezett kalapácsok mennyisége alapján a személyzet valamiért igencsak ragaszkodott ehhez a szerszámhoz. A jobb oldalon látható autón egy híradó-szakasz harcászati jelzése látható, a Pz.Kpfw. IV-et pedig egy Pz.Kpfw. II és néhány Pz.Kpfw. III követi.

This is another early Pz.Kpfw. IV Ausf.F2(G) that was probably manufactured in April or May 1942 given the presence of the turret vision ports and a Notek light, but the lack of spare road wheel bin on the left fender and aerial guard. It also appears to have the ball muzzle brake on the Kw.K. L/43 if the shape of the dust cover is any indication. The only visible marking is a dark colored panzer rhomboid outlined in white on the mudflap. The crew seems to have an affinity for hammers given how many are stuck in the spare track links! The car to the right has a tactical symbol for a signals platoon and following the Pz.Kpfw. IV is a Pz.Kpfw. II and some Pz.Kpfw. III.

Egy szovjet katona vizsgál egy megsemmisített nagyon kései gyártású Pz.Kpfw. IV Ausf. G-t, amit a meghajtókerék és a kihajtás különböztet meg az Ausf. H-tól – ezek nem voltak csereszabatosak a két típus között. A toronykötény, a kései parancsnoki kupola és a fordított lánctalp mind arra utal, hogy a páncélos 1943 májusában vagy júniusában készült a Nibelungenwerke-nél, amely ekkor még a G változatot gyártotta, eltérően a többi gyártótól, amelyek már az Ausf. H-t. A harckocsi bal oldalán jól látható a sárvédő felett a légkiömlő belső szerkezete. A háttérben egy Pz.Kpfw. III Ausf. F, G vagy H látható. Ezek a harcjárművek a 9. páncéloshadosztály állományába tartoztak.

A Russian soldier looks over a destroyed very late production Pz.Kpfw. IV Ausf.G, differentiated from the Ausf.H by the drive sprockets and final drives, which were not interchangeable between the two. The turret Schürzen, late cupola and reversed tracks are all indicative of production in May or June 1943 at Nibelungenwek, when they were still producing Ausf.Gs while other manufacturers were starting on Ausf.H production. A good view is provided of the interior of the air outlet over the left fender. In the background is a Pz.Kpfw. III Ausf.F, G or H. These vehicles have been identified as belonging to 9.Pz.Div.

Archive of Modern Conflict

A kacskaringós, háromszínű álcázófestés és a toronykötényre festett, fekete „6?2" toronyszám alapján ez a Pz.Kpfw. IV is a 9. páncéloshadosztály járműve ugyanazon a helyszínen. Mivel az Ausf. G-ken használt meghajtókerék van rajta, vagy egy kései G változat, vagy egyike a VOMAG által készített első harminc Ausf. H-nak, amelyek még a G-k meghajtásláncával készültek. Noha a harckocsi még a korábbi kivitelezésű tartalék futógörgő-tárolóval rendelkezik, a toronykötényzet kései kivitelezésű ajtaját és a C-alakú vonószemek tartóit 1943 májusától kezdték alkalmazni, amikor a VOMAG átállt az Ausf. H gyártására. A vezető bal oldali kinézőnyílása mellett látható lemez a három lyukkal az emelő alátétblokkjának a tartója.

The "squiggly" three color camouflage and small black tactical number 6?2 on the rear Schürzen confirm this to be another 9.Pz.Div. Pz.Kpfw. IV in the same location as the previous picture. It has the Ausf.G sprockets so is either a late G or potentially one of the first 30 Ausf.H produced by Vomag which still used the G final drives. Although it still has the earlier spare road wheel bin, the overlapping rear door of the Schürzen and the bracket for two C-hooks were both features introduced in May 1943 when Vomag started building Ausf.H. The plate with 3 holes behind the driver's vision port is the jack block bracket.

A 9. páncéloshadosztály egy újabb megsemmisült, kései Pz.Kpfw. IV Ausf. G harckocsija, amelyen egyértelműen látszik a Nibelungenwerke-re jellemző fordítva felszerelt lánctalp. Látszik, hogy az antenna már a bal oldalon, hátulra lett felszerelve, amit 1943 májusától alkalmaztak így, tehát nagy valószínűséggel az egyik legutolsó Ausf. G páncélos szerepel a képen. A háttérben a sárvédőre szerelt légszűrő alapján beazonosítható Pz.Kpfw. IV Ausf. H és egy Sd.Kfz. 250 lövészpáncélos látható.

One more thoroughly wrecked 9.Pz.Div Pz.Kpfw. IV late Ausf.G, which clearly shows the tracks fitted backwards indicating another vehicle built by Nibelungenwerk. It also seems to have the rear mounted antenna on the left side introduced in May 1943 so this is probably one of the very last Ausf.Gs made. In the background is a Pz.Kpfw. IV Ausf.H since it carries the Filzbag (pre-air filter) on the fender, and in between the two is a Sd.Kfz. 250 halftrack.

Péter Kocsis Collection

Annak, hogy a fehér „233"-as Pz.Kpfw. IV egy Ausf. G változat, az az egyetlen egyértelmű jele, hogy az antenna még a páncéltest elején, a jobb oldalon van. A kötényzet és a parancsnoki kupolát övező lövedékvető lemez megléte azt jelzi, a harckocsi 1943 áprilisában készült. A farpáncél bal oldalára erősített doboz mögül épp csak kivillan a hasábkereszt teteje, és úgy tűnik, mintha a kipufogó fölé is felszereltek volna egy kisebb dobozt.

The only clear indication that this Pz.Kpfw. IV, white "233", is an Ausf.G is that it still carries the antenna on the forward right side. The presence of Schürzen and the cupola splash guard are indicative of an April 1943 build. The top of a Balkenkreuz is just visible above the box mounted on the rear plate and there appears to be another small box mounted above the muffler.

Ezen a szokatlan álcázófestésű Pz.Kpfw. IV-en tisztán látható az Ausf. H gyártásánál alkalmazott új meghajtókerék. A Zimmerit hiánya, a kötényzet korai kivitelezésű rögzítői a sárvédő szélén és a C-alakú vonószemek elhelyezése alapján a harckocsi 1943 júniusa és szeptembere között készült. A tartalék futógörgők kései kialakítású tárolódobozát 1943 májusától kezdték el alkalmazni. Szokatlan helyre festették a hasábkeresztet a jármű oldalán. A középen haladó páncélos szintén egy Ausf. H, amelyet a Nibelungenwerke készített 1943 szeptembere után, ugyanis csak ebben az üzemben rögzítettek három lánctalptagot a farpáncélra.

This unusually camouflaged Pz.Kpfw. IV clearly shows the new drive sprocket introduced on the Ausf.H. The lack of Zimmerit, early Schürzen fittings on the edge of the fender and the C-hooks carried near the front suggest that it was built between June and September 1943. It also has the later style spare road wheel bin introduced in May 1943. The Balkenkreuz on the side is in an unusual location. In front of it is another Ausf.H built by Nibelungenwerk after September 1943, as they were the only manufacturer to mount 3 spare track links on the rear plate.

A fénykép 1944. június 29-én készült a fehéroroszországi Babrujszkban, amikor a szovjet csapatok felszabadították a területet. Noha semmilyen alakulatjelzést nem lehet felfedezni ezen a Pz.Kpfw. IV-en, a stencillel felfestett fekete „334"-es harcászati azonosítószám a toronykötényen és a kiegészítő páncélzatként felhalmozott tartalék lánctaltagok – különösen a vezető kinézőnyílása feletti egyetlen darab – arra utal, hogy a páncélos a 20. páncéloshadosztály járműve. Zimmerit-bevonat nem látható a harckocsin, ugyanakkor a II. sorozatban használt köténylemezekkel rendelkezik, így valószínűleg egy 1943. szeptember – október között készült Ausf. H változat. Figyeljük meg a köténylemezekbe vágott fellépőket!

This picture was taken on June 29, 1944 around Babruysk, Belarus when it was liberated by Soviet forces. While no unit marking is visible on this Pz.Kpfw. IV, the stenciled black outline tactical number "334" on the turret Schürzen and layout of all the track being used for extra armor, particularly the single link above the driver's visor, indicates this is probably a 20.Pz. Div. vehicle. There does not appear to be any Zimmerit but it has the Serie II Schürzen plates so it is probably an Ausf.H built between September and October 1943. Notice the cut outs in two of the Schürzen for footsteps.

A Pz.Kpfw. III-hoz hasonlóan a Pz.Kpfw. IV is számos különböző harcjármű születéséhez járult hozzá. Ezek egyike volt a Hornisse (Lódarázs). Az alváz a két jármű kombinációja volt, a Pz.Kpfw. III váltóművét és kihajtását építették egybe a Pz.Kpfw. IV futómű felfüggesztésével és motorjával. Ezt a Hornisse-t kellőképp elrejti a fa, amely alá beállt. A páncéloson a kései kivitelezésű lövegrögzítő állvány látható, amelyet egy kábel segítségével a küzdőtérből is le lehetett engedni. A meghajtókerék a Pz.Kpfw. III Ausf. H-kon használt változat, amelyről hiányzik a csapágyfedél és így láthatóak a rögzítőcsavarjai. A valószínűleg fehér keretes piros „102”-es harcászati azonosítószám alatt látható az alakulat (minden bizonnyal az 519. páncélvadászosztály) jelzése.

Like the Pz.Kpfw. III, the Pz.Kpfw. IV soon gave rise to many variants, one of the first being the Hornisse (Hornet). Technically, the chassis was a combination of both, utilizing Pz.Kpfw. III final drives and steering gear, and Pz.Kpfw. IV suspension and motor. This Hornisse has been well hidden beneath a tree and carries the later travel lock that could be released with a cable from inside the fighting compartment, as well as a Pz.Kpfw. III Ausf.H sprocket that is missing the hub cap; the mounting bolt is clearly visible. Below the tactical number “102”, probably red with a white outline, is a unit emblem, possibly from s.Pz.Jg.Abt.519.

A Hornisse-t végül 1944 januárjában átkeresztelték Nashorn-ra (Orrszarvú). Ez a jármű szintén a kései kivitelezésű lövegrögzítő-állvánnyal és az Ausf. H-kon alkalmazott, csapágyfedél nélküli meghajtókerékkel rendelkezik, amelyet az ALKETT 1944 elejétől használt és valójában nem is tervezett hozzá fedelet, hiszen csak egy központi furattal készült, csavar nélkül. A jármű alapszíne RAL 7028 sötétsárga, a felépítményen egymáshoz illeszkedő RAL 6003 olívzöld és RAL 8071 vörösesbarna sávokkal. A helyretolószerkezetet védő íves lemez mögött az 1943 májusától használt merevítőhurok egy része látható. Figyeljük meg, hogy mindkét vonónyílásba be van helyezve a C-alakó vonóhorog!

The Hornisse was subsequently renamed Nashorn (Rhino) in January 1944. This vehicle also has the later travel lock and Ausf.H drive sprockets without hub caps, however this sprocket design first introduced by Alkett in early 1944 was never meant for a cap as it only has the centering hole and no bolt. It is painted in RAL 7028 Dunkelgelb with the camouflage stripes on the superstructure side appearing to be RAL 6003 Olivgrün and RAL 8017 Rotbraun side-by-side to form the pattern. Visible behind the curved shield over the recuperator cylinder is the strengthening loop added in May 1943. Notice the C-hooks in both front towing eyes.

Péter Kocsis Collection

A Nashorn „istállótársa" a Hummel (Darázs) volt. Az alapjármű gyakorlatilag ugyanaz, ám egy 15 cm-es s.F.H. 18/1 tarackot építettek be a 8,8 cm-es PaK 43 páncéltörőágyú helyett. Ezen a Hummelen – amely még a Pz.Kpfw. IV Ausf. D korai változatú láncfeszítőkerekével van felszerelve – fehér álcázófestés fedi az egyszínű sötétsárga alapszínt. Úgy tűnik, a jobb sárvédőn még a Bosch fényszóró állványa van elhelyezve, noha a fényszóró helyett valami más tárgy van rá rögzítve. Ez utóbbi alapján ez a jármű egyike annak az első 155 példánynak, amely 1943 februárja és márciusa között készült. A felépítmény mindkét oldalán két-két tartalék futógörgő látható, a páncélteknő elejére pedig valamilyen egyedi lánctalp tartót erősítettek.

The Nashorn's stablemate was the Hummel (Bumblebee). It was virtually identical but carried a 15cm s.F.H. 18/1 howitzer instead of the 8.8cm Pak 43 anti-tank gun. This Hummel has a whitewash finish over solid Dunkelgelb and still has the early Pz.Kpfw. IV Ausf.D idlers. It also appears to still have the Bosch headlamp base on the right fender with the light itself removed and something else attached to it. This would indicate that it is one of the first 115 built between February and May 1943. It carries two spare road wheels on each side of the front superstructure and some unique track stowage on the hull front.

Péter Kocsis Collection

Egészen letisztult háromszínű terepfestés látható ezen a Hummelen, amiről 1944 júniusában készült ez a fénykép. A páncélos 1943 őszén, vagy 1944 legelején készült, hiszen a jobb sárvédőről már hiányzik a fényszóró és a kései változatú, Kgs 60/400/120 típusú, áttört vezetőfoggal és átlós kapaszkodó karmokkal gyártott lánctalppal van felszerelve. A láncfeszítő kerék a Pz.Kpfw. IV Ausf. F-től alkalmazott cső keresztmetszetű változat. A már a csapatoknál felszerelt nagyméretű tároló ládák igen gyakoriak voltak a Hummeleken.

Seen in June 1944, this Hummel carries a quite refined 3-color camouflage. It was built in the fall of 1943 or early 1944, lacking the headlight on the right fender and carrying a later version of the Kgs 61/400/120 tracks with open guide horns and diagonal cleats on the track face. It also has the more common Pz.Kpfw. IV Ausf.F tubular idler wheel. Large unit-made stowage boxes like that seen here were a common fixture on many Hummels.

Péter Kocsis Collection

A kép előterében látható lánctalpnyomok alapján ezt a löveget épp az imént emelhették ki egy Hummelből egy Sd.Kfz. 9/1 FAMO darujának segítségével. A háttérben egy kései gyártású Hummel, szélesített „balkonnal" a vezetőállás fölött és fém visszafutógörgőkkel – ugyanakkor a hűtőrácsról még hiányzik a módosított borítás, így a jármű 1944 februárja és augusztusa között készült. A felépítmény oldalára rögzített ásó és csákány az 1. páncéloshadosztály járműveire volt jellemző, noha ezen a képen nem látszik semmilyen alakulatjelzés. Figyeljük meg az előtérben álló katona olasz terepszínű anyagból készült M43 tábori sapkáját!

Based on the track marks in the foreground, this gun has just been removed from a Hummel using an Sd.Kfz. 9/1 FAMO. In the background is a late production Hummel with the widened driver's compartment and steel return rollers, but it still lacks the modified cover over the cooling air intake so was built between February and August 1944. The shovel and pick mounted on the superstructure sides was a feature seen on some 1.Pz.Div. vehicles but no unit markings are visible. Notice the crewman in the foreground with an M43 field cap made of Italian camouflage material.

Archive of Modern Conflict

A StuG-ok sikeres alkalmazása páncélvadászként egyenes utat jelentett, a Jagdpanzer IV kifejlesztéséhez a Pz.Kpfw. IV alvázán. Az eredeti változatot ugyanazzal a 7,5 cm-es PaK 39 L/48 löveggel szerelték fel, mint a StuG. III Ausf. G rohamlöveget. A zimmeritezés hiánya alapján ezek a járművek az 1944 októberében készült utolsó példányok. A kései gyártásra utal a 80 mm-es frontpáncélzat, a nagyobb méretű első és utolsó köténylemezek és a bevágás a lövegpajzs peremén, amelyre azért volt szükség, hogy elférjen a géppuska nagyobb méretű kúpos fedőeleme. Figyeljük meg, hogyan nyűgözték a pőrekocsihoz a „221"-t egy vontatókábellel és a C-alakú vonószemekkel, illetve, hogy a mögötte álló járműnél S-alakú vonószemet alkalmaztak.

The success of the Sturmgeschütz in the anti-tank role led to the development of a similar vehicle on the Pz.Kpfw. IV chassis, the Jagdpanzer IV. As seen here, the original series mounted the 7.5cm Pak 39 L/48, much the same gun as on the StuG III Ausf.G. Since they lack Zimmerit, these vehicles were some of the last built in October 1944 and have other later production features like 80mm frontal armor, late Schürzen with taller front and rear plates, and the cut out in the right side of the mantlet due to a larger diameter conical MG cover. Notice how "221" is secured to the railcar using its tow cable and C-hooks in the front towing eyes; the rear vehicle has S-hooks instead.

A Jagdpanzer IV-et a sokkal hatásosabb 7,5 cm-es PaK 42 L/70 löveggel felszerelt Pz.IV/70(V) váltotta – a „V" a gyártó VOMAG-ra utalt, hogy a járművet papíron is meg lehessen különböztetni az ALKETT járművétől. A meghajtókerekek és a kihajtás hiánya, illetve az első páncéloson a fék nyitott szerelőnyílása alapján úgy tűnik, az itt látható két példányt karbantartás közben lőtték ki, vagy hagyták hátra a kezelőik. A Zimmerit hiánya, a három visszafutógörgő és az, hogy az első felfüggesztésen belső gumírozású fém futógörgő van, arra utal, hogy a harcjármű 1944 szeptembere után készült.

The Jagdpanzer IV L/48 was replaced with the much more potent Jagdpanzer IV lang mounting the 7.5cm Pak 42 L/70, formally named the Panzer IV/70 (V), the "V" for Vomag differentiating it from the Alkett version. The two seen here seem to have been undergoing maintenance when they were knocked out or abandoned as both are missing the sprockets and final drives, and the brake access hatch is open on the first vehicle. The lack of Zimmerit, three return rollers, and the first road wheel being the steel-tired type indicate a post-September 1944 manufacture date.

TsAMO

A kifejezetten az adott célra tervezett Jagdpanzer IV-sel ellentétben a Sturmgeschütz IV egy átmeneti megoldásként született, miután 1944 novemberében bombatámadás érte az ALKETT StuG. III gyártósorát. Ahogy az a képen is látható, néhány egyszerű átalakítás lehetővé tette, hogy a StuG. III teljes felépítményét ráépítsék a Pz.Kpfw. IV alvázára. Noha ez a jármű még négy visszafutógörgővel rendelkezik, a sárvédő elején és a tartalék futógörgőket tároló láda mögött látható köténytartó elem alapján már lengő – egyetlen ponton, középen felfogatott – köténylemezekkel volt felszerelve, és így valószínűleg 1944 végén készült. Figyeljük meg, hogy a láncfeszítőkerék beállító csavarkulcsát áthelyezték a láda oldalára!

Unlike the purpose built Jagdpanzer IV, the Sturmgeschütz IV was a stop gap measure after the Alkett StuG III production facility was bombed in November 1943. A few simple changes allowed the complete StuG III superstructure to be mounted on a Pz.Kpfw. IV chassis, as seen here. Although this vehicle still has four return rollers, it carries the remnants of the swinging Schürzen design as indicated by the unique brackets seen on the front fender and behind the spare road wheel bin, so it was probably produced in late 1944. Notice the idler adjusting wrench relocated to the side of the bin.

A Szövetségesek légifölénye miatt jobb légvédelemre volt szükség. A Pz.Kpfw. IV alváza logikus választás volt az átalakításhoz, az első változat a 3,7 cm-es FlaK 43 légvédelmi gépágyúval felszerelt Flakpanzer IV „Möbelwagen" (Bútorszállító) lett. Ennek a járműnek, amelyet amerikai katonák vizsgálnak át 1944 szeptemberében, az első 45 példány rátétpáncélzatától eltérően már a kései kialakítású, 25 mm-es páncéllemezből készült felépítménye van, de még az eredeti, toldalékcsővel ellátott korai kipufogóval van felszerelve. Ebből a szögből jó pár érdekességet felfedezhetünk: az antennát a küzdőtérrel összekötő rudat, amelynek a segítségével az antennát le és fel lehetett hajtani, illetve a hiányzó tűzoltókészülék tartóelemét a motortér oldalán.

Allied air superiority increased the need for better anti-aircraft protection and the Pz.Kpfw. IV chassis was a logical choice for conversion, the first being the Flakpanzerkampfwagen IV "Möbelwagen" (Furniture Van) with 3.7cm Flak 43. The one seen here being inspected in September 1944 by Americans has the later 25mm solid armored superstructure (instead of the spaced armor installed on the first 45) but still mounts the original exhaust, in this case with an extended exhaust pipe. This view provides a look at a couple of unique features – the rod connecting the antenna to the fighting compartment so it could be rotated down, and the shelf for the fire extinguisher (missing here).

A Möbelwagen gyártását szorosan követte a Flakpanzer IV Wirbelwind (Forgószél), amely már sokkal jobb koncepciónak bizonyult a 2 cm-es Flakvierling 38 légvédelmi gépágyú számára. A tornyokat újjáépített alvázakra, jelen esetben a kihajtás alakja, a 80 mm-es frontpáncélzat és a hiányzó oldalsó kinézőnyílások alapján egy Ausf. H alvázra helyezték, amelyet zimmeritezés fed. A négy 2 cm-es cső egyike hiányzik, ugyanakkor a meglévőkön sincs lángrejtő. A Királytigris jelenléte azt sugallja, hogy a jármű az 506. nehézpáncélos-osztály állományába tartozhatott, mivel ez volt az egyetlen Tiger-alakulat a nyugati fronton, amely rendelkezett Wirbelwinddel.

Closely following the Möbelwagen in production was the Flakpanzer IV "Wirbelwind" (Whirlwind), a much better concept mounting the 2cm Flakvierling 38. These turrets were added to re-manufactured chassis, in this case an Ausf.H based on the final drive shape, 80mm armor on the front plate and the eliminated side vision ports. It also appears to have Zimmerit. One of the four 2cm barrels is missing, and the other three are missing the flash suppressors. The presence of the King Tiger behind suggests that these could be vehicles from schwere-Panzer-Abteilung 506, one of the only Tiger units on the Western Front to be issued Wirbelwinds.

A Pz.Kpfw. V Panther-nek kellett volna leváltania a Pz.Kpfw. IV-et, de a gyártási mennyisége soha nem érte el az ehhez szükséges szintet. A fekete „332"-es egy korai gyártású Ausf. D, amely 1943 áprilisában, vagy május elején készült, valószínűleg az M.N.H. (Maschinenfabrik Niedersachsen Hannover) gyárában, mivel a kommunikációs nyílás és a közelharcnyílás fölül hiányzik az esővető, kötényzettel látták el, illetve módosították a szerszámok elrendezését és így a fejsze előrefelé néz. A torony oldalán csak a ködgránátvető rögzítőlemeze maradt a helyén. Érdekes, hogy a páncéltesten lévő hasábkereszt fel van festve ám a toronyra is felkerült a felségjelzés.

The Pz.Kpfw. V Panther was meant to replace the Pz.Kpfw. IV but never did as production could not meet demand. Black "332" is an early Ausf.D produced in April or early May 1943, most likely by MNH (Maschinenfabrik Niedersachsen Hannover) as it lacks rain guards over the pistol and communications ports, has Schürzen, and carries the revised tool stowage with the axe mounted facing forwards. It should have Nebelwurfgerät (smoke dischargers) on the turret sides but they have been removed, with just a small tab still visible. The solid black Balkenkreuz on the turret is unusual, considering a normal Balkenkreuz is visible on the hull.

Archive of Modern Conflict

A szükség a találékonyság bölcsője! Azért, hogy a Panther Ausf. D felvontatása közben a vasúti pőrekocsi ne gördüljön előre, egy Sd.Kfz. 9 FAMO féllánctalpas vontató szolgál „ellensúlyként". A harckocsit legalább öt másik FAMO-val próbálják meg feljuttatni a vagonra úgy, hogy a járműnek az elejére és a tornyon keresztül a hátuljára is vontatókábeleket rögzítettek. Figyeljük meg, hogy a pőrekocsi eleje megemelkedik, illetve a kisméretű rámpát a futógörgők alatt! A páncélos a Henschel gyárában készült 1943 májusában. A jobb oldali első szerszámtartó keretről hiányzik a tűzoltó-készülék, az emelő alátétje még a korai változat a keresztezett szíjakkal, a tornyon felfedezhetők a ködgránátvetők és az esővetők a közelharcnyílás, illetve a hátsó ajtó felett.

Necessity is the mother of invention! The railcar rolled forward during loading of this damaged Panther Ausf.D and no less then six Sd.Kfz. 9 FAMOs are visible securing it, the nearest one holding the flat car and the other five pulling the Panther with tow cables attached to the front and over the turret to the rear. Notice the raised front of the railcar due to the Panther's weight and the small ramp below the road wheels. This Panther was produced by Henschel in May 1943 as it was completed without the fire extinguisher normally seen on the right side tool bracket, but still has the early jack block holder with crossed straps, turret smoke dischargers and rain guards over the pistol port and rear hatch.

Péter Kocsis Collection

Ez a kiégett Pz.Kpfw. V a Panther-család következő tagját, az Ausf. A változatot képviseli. A közelharcnyílások a tornyon, a légvédelmi géppuska sínjével ellátott parancsnoki kupola, a zimmerit-bevonat és a homlokgéppuska páncélozott „postaláda" zárófedele alapján a harckocsi valamikor 1943 szeptembere és novembere között készült. Figyeljük meg, hogy a tartalék lánctagok és a szerszámtartók alatt hiányzik a zimmeritezés! A harckocsi legénysége egy kapaszkodót rögzített a torony hátsó búvónyílására – ezt gyakran alkalmazták, mivel megkönnyítette a súlyos nyílászáró mozgatását.

This burnt out Pz.Kpfw. V is the next iteration in the Panther family, the Ausf.A. The combination of turret pistol ports, cupola with AA MG ring, Zimmerit and the "letterbox" armored MG flap in the glacis plate indicate production sometime between September and November 1943. Notice the bare spots where Zimmerit was not applied below the spare track rack and amongst the tool brackets. The crew has added a handle to the rear turret hatch, a common addition to help open it due to its weight.

Paul Johnson Collection

Egy amerikai törzsőrmester egy – a homlokgéppuska gömbpajzsa alapján – kései gyártású Panther Ausf. A előtt pózol egy fényképhez. A frontpáncélzatra terített, álcázást biztosító faágak és gallyak rögzítésére szolgáló fémhálót a vezető kinézőnyílásánál kivágták, hogy az továbbra is nyitható legyen. A kép maga sajnos kissé elmosódott, és a sérülések is megnehezítik az azonosítást, de úgy tűnik, a Zimmerit mintázata tipikus Daimler-Benz vagy az M.N.H. kivitelezés. A torony tetején látható meggörbült lemezt tábori körülmények között erősítették fel, a célja az volt, hogy megakadályozza a törmelék behullását a lövegpajzs és a tetőlemez közé.

An American Technical Sergeant uses a later production Panther Ausf.A, as indicated by the Kugelblende ball mount for the MG34 in the glacis plate, for a photo opportunity. The steel mesh for attaching foliage has been trimmed around the driver's vision port to allow it to still open. The picture is a bit unclear and the damage to the Panther does not help, but it appears that the Zimmerit is typical of Daimler-Benz and MNH produced vehicles. The damaged sheet metal plate on the turret roof is a field fabricated debris guard over the gun mantlet.

Péter Kocsis Collection

Egy Panther Ausf. A karbantartása. Jól látható a szétszerelt meghajtókerék és a megbontott kihajtás, amit úgy emeltek le a Kfz. 100 Büssing-NAG 4500 teherautóra szerelt 3 tonnás Bilstein daruval, hogy egy szemescsavart tekertek a kihajtásban kialakított furatba. Figyeljük meg az első futógörgőt megemelő, 20 tonna teherbírású emelőt! Erre a Pantherre szintén felerősítettek egy védőlemezt a lövegpajzs fölé. A parancsnoki kupolára felszerelték az MG 34 légvédelmi géppuska állványát (Fliegerbeschussgerät) is.

A Panther Ausf.A undergoing maintenance. This provides a good view of the disassembled sprocket and final drive, which has been removed by installing a threaded eyebolt into the top drain hole of the final drive itself and lifting it off with a Kfz.100 Büssing-NAG 4500 with Bilstein 3-ton crane. Notice the 20-ton jack used to lift the front road wheel. This Panther also has a field fitted debris guard over the gun mantlet as well. The Fliegerbeschussgerät (anti-aircraft mount for the MG34) is mounted on the cupola.

TsAMO

Ezen a hátulról lefotózott Panther Ausf. A-n olyan terepmintát láthatunk, amely az M.N.H.-nál 1944 végén gyártott Ausf. G-ken használt jellegzetes festéshez hasonlít. A Zimmerit durva mintázata szintén arra utal, hogy a páncélost az M.N.H. gyártotta, akárcsak a farpáncél jellegzetességei, amelyek alapján a jármű 1944 februárja és áprilisa között készült. A bal oldali kipufogó mellett jól látható a két hűtőcső és a két kipufogó között függőlegesen elhelyezett 20 tonnás emelő tartóelemei, a szerelőnyílásról azonban hiányzik a vontató-csatlakozó, akárcsak a jobb oldali kipufogó aljáról az indítókurbli tartógyűrűje.

This rear view of an abandoned Panther Ausf.A shows a very distinctive camouflage pattern, reminiscent of the factory pattern applied by MNH to Ausf.G in late 1944. The rough surface texture of the Zimmerit is also indicative of a vehicle built by MNH, as is the combination of features present on the rear plate for a vehicle built between February and April 1944. It has the two new cooling air pipes on either side of the left exhaust and vertical stowage between the exhausts for a 20-ton jack, but lacks the tow coupling on the access hatch as well as the guide for a starter crank below the right exhaust.

Péter Kocsis Collection

Ezt a Panther Ausf. G-t (a típus utolsó változata) 1944. június 8-9-én lőtték ki kanadai csapatok a normandiai Bretteville-L'Orgueilleuse közelében, a 12. „Hitlerjugend" SS-páncéloshadosztály 12. SS-páncélosezredének támadása közben. A torony zimmeritezésének egy része lepattogzódott és így hiányossá vált a fehér keretes piros „135"-ös harcászati azonosítószám is. A jármű alvázszáma 120404, és a M.A.N. (Maschinenfabrik-Augsburg-Nürnberg) gyárában készült 1944 áprilisának végén. A farpáncél közepére festett hasábkereszt ennek a gyárnak volt a jellegzetessége, ám a rossz láthatóság miatt rövid ideig alkalmazták így.

This Ausf.G, the final version of the Panther, was knocked out by Canadian troops on June 8/9, 1944 near Bretteville-L'Orgueilleuse in Normandy during an attack by SS-Pz.Rgt.12 / 12th SS.Pz.Div. "Hitlerjugend". A piece of Zimmerit has flaked off the turret obscuring some of the turret number "135", in red with a white outline. This vehicle has Fgst.Nr. 120404 and was produced by M-A-N (Maschinenfabrik-Augsburg-Nürnberg) in late April 1944. The Balkenkreuz on the rear plate behind the jack was a distinctive M-A-N feature and only applied there for a short time due to poor visibility.

Péter Kocsis Collection

Egy másik sérült Panther Ausf. G a pomerániai Ostrowice-ban (napjainkban Lengyelország), valószínűleg valamikor 1945 tavaszán. Ez a páncélos számos ismertetőjegy alapján a M.A.N. gyárában készült 1944 májusában: a kipufogók páncélozott borítása a hegesztett változat, de a csöveket még nem takarja védőlemez, a Zimmerit mintázata is tipikusan erre a gyárra utal, illetve a hasábkeresztet a farpáncél közepére festették, az emelő alá. A torony ugyanakkor kissé szokatlan, mivel a parancsnoki kupoláról hiányzik a légvédelmi géppuska gyűrűje és az emelőgyűrűt erősítő háromszögletű kis lemez (mindkettő az 1944-es gyártású Ausf. G-k jellegzetessége).

Another disabled Panther Ausf.G in the area of Ostrowice, Pomerania, Germany (now Poland), probably sometime in the spring of 1945. This Panther was built by M-A-N in May 1944 as identified by numerous features – welded armored exhaust guards but no sheet metal exhaust covers, typical M-A-N Zimmerit pattern, and the Balkenkreuz in the center of the rear plate behind the jack. However, the turret is unusual in that it lacks an MG rail on the cupola as well as the triangular plate added to the rear turret lifting ring for reinforcement (both features of 1944 production Ausf.G).

Péter Kocsis Collection

A parancsnoki Panthereket csak a M.A.N. gyártotta, mint ezt az Ausf. A-t is. A torony homlokgéppuskájának bedugaszolt nyílása a legjellemzőbb ismertetőjegye a parancsnoki változatnak (ennek célja, hogy a kiszerelt géppuska helyére beférjen a kiegészítő rádió). A parancsnoki páncélosokhoz mindhárom antennát rendszeresítették (1,4 és 2 méteres botantennát és „D" típusú csillagantennát), de többnyire csak kettőt szereltek fel a használatban lévő rádiókészülékeknek megfelelően. Itt azonban a személyzet mindhármat felhelyezte, így megállapíthatatlan, hogy ez egy Sd.Kfz. 267 vagy 268 változat. A „D" csillagantenna észrevehető a faágak sűrűjében, viszont a toronyra a 2 méteres rúdantennát illesztették a csillagantenna szélesebb foglalatába.

Panzerbefehlswagen (command) Panthers were only built by M-A-N, such as the Ausf.A seen here identified as such by the plugged coaxial MG opening, which was necessitated by the additional radio equipment. Befehlswagens were issued with all three antennas (1.4m and 2.0m Stabantenne, Sternantenna D) but only two should be mounted depending on the equipment carried, unlike this crew which has installed all three so it is impossible to know if this is an Sd.Kfz.267 or 268. The Sternantenne D (star antenna) is visible amongst the trees but more unusual is the 2.0m Stabantenne (rod antenna) on the turret, which appears to have been installed on the thicker base of a Sternantenne D.

Alegységparancsnokok tanulmányozzák a térképeiket, ezúttal egy Pz.Bef.Wg. Panther Ausf. G előtt. Ezen a harckocsin is fent van mindhárom antenna, ám a tornyon ezúttal az előírás szerint odavaló változat látható. A torony tetején már megtalálható a három rögzítő csonk a 2 tonnás daruhoz (Befehlskran), a lövegpajzs fölé szerelt védőlemez azonban még tábori körülmények között készült, így a páncélos gyártási ideje 1944 májusának vége, vagy júniusának eleje. Érdekes a szintén tábori kivitelezésű létra, amelyet a tartalék lánctagokra akasztottak. A „I01"-es toronyszám valószínűleg fehér vagy sárga és egy páncélosezred I. osztályának a parancsnoki kocsiját jelzi. A háttérben egy Type 166 Schwimmwagen látható.

A group of commanders review their maps in front of another Pz.Bef.Wg. Panther, in this case an Ausf.G. It too has all three antennas mounted although the turret one is in its proper base. The turret appears to have "Pilze" sockets for the 2-ton Behelfskran (jib boom) but has a field fabricated mantlet debris guard so this vehicle was manufactured in late May or early June 1944. The field fabricated ladder that hooks into the spare track links is also of interest. "I01" could be in white or yellow and identifies this as the commander's tank for the I.Abteilung of a panzer regiment. In the background is a Type 166 Schwimmwagen.

A Jagdpanther volt a német vadászpáncélosok legjobban sikerült típusa, amelynek az Ausf. G1 változata látható ezen a képen. A páncélos az egy darabból álló 8,8 cm-es PaK 43/3 löveggel rendelkezik és a zimmeritezés hiányából, illetve a köténytartó sínen az ásó helyének kivágásából feltételezhető, hogy 1944 őszén készült a MIAG-nál. A 654. nehéz-páncélvadászosztály volt az egyetlen alakulat, amelynek mindhárom százada Jagdpantherekkel rendelkezett, a „323"-as harcászati azonosítószám egyértelművé teszi az alakulatot, amelyet tovább erősít a fehér keretes piros harcászati azonosítószám, a hasábkereszt pozicionálása és a felszerelések átalakított elhelyezése. A páncélost 1945 elején veszíthették el.

The most successful of the Jagdpanzer designs was undoubtedly the Jagdpanther, of which an Ausf.G1 is seen here, still mounting a monobloc 8.8cm Pak 43/3 and probably built in the fall of 1944 by Miag given its lack of Zimmerit and cutout for the shovel in the track guard. Since schwere Panzerjäger-Abteilung 654 was the only unit to field three companies, the tactical number of "323" clearly indicates this vehicle's ownership, most likely lost in early 1945. The segmented style of red with white outline number, Balkenkreuz location and modified equipment stowage is also indicative of s.Pz.Jg.Abt.654.

Péter Kocsis Collection

A Pz.Kpfw. VI Tiger E (vagy Tiger I) volt az első, sorozatban gyártott nehézpáncélos. A képen látható harckocsi a „Großdeutschland" páncélosezred III. osztályának 1943 júniusának végén átadott 28 példány egyike, a fekete „C" betű a 11. századot jelölte. Figyeljük meg a frontpáncélzat bal szélén a „Großdeutschland" páncélgránátos-hadosztály fehér rohamsisakot formázó jelzését! A toronyról hiányzik a ködgrántávető, amit 1943 júniusától nem szereltek fel a páncélosokra. A Tigert a köténylemezek leszerelésével, a külső futógörgők eltávolításával, az első és a hátsó sárvédők széleinek felhajtásával és a keskenyebb szállítólánctalpak felszerelésével már felkészítették a vasúti szállításra. Figyeljük meg a korai kivitelezésű menekülőnyílást a torony oldalán!

The first heavy tank to enter series production was the Pz.Kpfw. Tiger Ausf.E (or Tiger I). The vehicle seen here is one of 28 issued to III.Abteilung of Panzer-Regiment "Grossdeutschland" in late June 1943, the black "C" designating a Tiger assigned to 11.Kompanie. Notice the white helmet insignia for Panzergrenadierdivision "GD" on the left side of the front plate. The Tiger lacks the turret mounted Nebelwurfgerät (smoke candle dischargers) which were discontinued in June 1943 so it is a very new vehicle. The vehicle has been prepared for rail loading by mounting transport tracks, removing the side skirts and outer road wheels, and raising the front and rear mudguard extensions. Also note the early beveled turret escape hatch that is open.

Péter Kocsis Collection

Az „S32" egyike annak a hat, utánpótlásként átadott Tiger I-nek, amelyet a „Das Reich" SS-hadosztály 2/8. SS páncélosszázada kapott 1943. május 13-án (ez a harckocsi a III. szakasz állományába került). A számhoz hasonlóan a hasábkereszt is csak a fehér keretből áll. A jármű korai meghajtókerékkel van felszerelve, de a tornyon már megtalálhatók a tartalék lánctagok rögzítő elemei, ami arra utal, hogy valamikor április közepén vagy végén készült. A töltő-kezelő 1943 márciusától alkalmazott figyelőműszere épp csak kivehető a fényképen. A páncélteknő elejére erősített szokatlan, pót lánctagokat tartó cső keresztmetszetű rudat az alakulat több harckocsijára is felerősítették a „Citadella" hadműveletet megelőzően.

"S32" (in white outline) is one of six replacement Tiger I received by 8.Kompanie/SS-Panzer-Regiment 2 (Division "Das Reich") on 13 May 1943, assigned to the 3.Zug (platoon). The Balkenkreuz is also in white outline only. It still has the early drive sprocket, but has spare track hangers on the turret, which indicates it was built sometime in mid to late April. The loader's periscope introduced in March 1943 is also just visible. The unusual spare track rack on the hull front, using a tubular bar, was fitted by the unit to several of their Tigers prior to Operation Citadel.

Péter Kocsis Collection

A kerékagy esztergált fedele, a gránátvetők és a toronyra szerelt ködgránátvetők, a tartalék lánctagok rögzítői, valamint a töltő-kezelő figyelőműszere alapján a képen látható Tigert 1943 áprilisában vagy májusában gyártották. Ezek alapján a zimmeritezése utólag készült tábori körülmények között, amit a mintázat és a durva felület is alátámaszt. A harckocsit amerikai katonák vizsgálják egy, a háttérben álló házak építési stílusa alapján németországi településen, így a kép valószínűleg 1945-ben készült. Ekkoriban a korai gyártású Tigerek már szokatlan látványnak számítottak, minden bizonnyal ez a harckocsi is egy olyan ad hoc jelleggel felállított alakulathoz tartozott, mint a „Hummel" nehézpáncélos-század vagy a „Paderborn" páncéloscsoport.

The Tiger pictured here was manufactured in April or May 1943 given that it has the machined sprocket hubs, S-mine dischargers, turret smoke dischargers and spare track hangers, and the loader's periscope. Given this, the Zimmerit is a field applied application, and the pattern and surface roughness can attest to this. It is being inspected by American soldiers in what appears to be a German locale given the half timber house behind, so it is probably 1945. It is unusual to still see such an early Tiger and it most likely belonged to one of the adhoc units like schwere Panzer-Kompanie Hummel or Panzergruppe Paderborn.

Ezt a Tiger I-et hat másikkal együtt 1944. május 25-én hagyták hátra az olaszországi Coriban. A torony oldalán látható antennacsonk alapján ez a páncélos a Borgvard B IV robbanóanyag-szállító jármű vezérlőjárműve volt és az 508. nehézpáncélos-osztály 3. századának állományába tartozott. A tornyon már az új, öntött parancsnoki kupola van, a kipufogó mellett felfedezhető a külső lövegrögzítő, a futógörgők azonban még gumírozottak, így a harckocsi valamikor 1943 novembere és 1944 januárja között készült. A kőfal mögött egy másik Tiger I is észrevehető. Bár egy üzemanyagtöltő állomás mellett álltak, a németek a hét nehézpáncélost üzemanyag-hiány miatt robbantották fel. Az amerikai katona a 3. gyaloghadosztály állományába tartozott.

Abandoned in Cori, Italy on May 25, 1944 along with 6 other Tigers, this Tiger I is a control vehicle for the Borgward BIV demolition charge carrier as the antenna mount for the radio control equipment is clearly visible on the turret side. It is from 3.Kompanie / s.Pz.Abt. 508. The Tiger has the new turret with cast commander's cupola and an external gun travel lock just visible by the exhaust, but still has rubber-tired road wheels so it was built sometime between November 1943 and January 1944. Notice another Tiger behind the wall. Despite being parked in front of a gas station, all 7 had to be blown up due to lack of fuel. The American medic is from the 3rd Infantry Division.

Még egy "közép-verziójú" Tiger I, új parancsnoki kupolával, de még gumírozott futógörgőkkel. A torony bal oldalán a korábbi Tigereken található nagyobb méretű nyílásokkal szemben már a kisebb átmérőjű közelharcnyílás látható, de még felfedezhetők az élőerő elleni aknák vetőcsövei, így a gyártás időpontja 1943. augusztus-szeptemberére esik. Az egyedi stílusú „331"-es harcászati azonosítószám az 509. nehézpáncélos-osztály jellegzetessége volt, a képet 1943 végén készítették Ukrajnában, a Kijevhez közeli Mirovka környékén. A kisméretű fehér, rombuszalakú harcászati jelzésben nehezen ugyan, de felfedezhető egy fekete G betű, ami valószínűleg az osztály akkori parancsnokára, Gierka őrnagyra utal.

This is another "mid-production" Tiger I with the new cupola design but still with rubber-tired road wheels. It has the small pistol port plug on the left turret rear in place of the much larger pistol port seen on earlier Tigers, but still has S-mine dischargers so was built in August – September 1943. The unique style of white tactical number "331" confirms this Tiger is from s.Pz.Abt. 509, pictured in late 1943 around Mirovka, Ukraine near Kiev where it was lost. The small white rhomboid tactical marking has a barely visible black "G" in it, possible standing for Major Gierka, the battalion commander at this time.

Péter Kocsis Collection

Az első vonónyílásba rögzített vontatókábel alapján ez a Tiger I segítségre vár, talán pont attól a FAMO-tól, amely mögötte áll. A belső gumírozású fém futógörgőket 1944 februárjától használták, és a nehézpáncélos gyártásának augusztusi befejezéséig alkalmazták. A jármű terepfestése nem egyértelmű. Elképzelhető, hogy, hevenyészve vitték fel a felületre az olívzöld és/vagy vörösesbarna álcázószíneket, de az is lehet, hogy a téli fehér festés maradványait látjuk. A lövegcsövet nemrég cserélték, hiszen még csak a hőálló szürke lakkbevonat látható rajta. A torony oldalára egy nagyméretű, egyjegyű számot, valószínűleg fekete keretes fehér vagy sárga 7-t festettek, noha később ezt felülfestették egy kisebb méretű számmal.

Based on the tow cables laying in front, this late Tiger I is waiting for an assist, perhaps by the FAMO behind it. Steel-tired road wheels were introduced in February 1944 and used until the end of production in August. It is unclear what is happening with the camouflage, perhaps it is just a poor application of the Olivgrün and/or Dunkelbraun pastes, or the remnants of a whitewash. The gun barrel is a replacement, still in its dark gray heat resistant lacquer finish. There is a large, single digit tactical number on the turret in white or yellow, outlined in black, probably a "7", although it appears it was painted over a smaller number.

Péter Kocsis Collection

Ez a fénykép a toronyszám és a környezet alapján az 503. nehézpáncélos-osztály Tiger I-ét ábrázolja Normandiában, 1944 júliusában. A fehér keretes fekete „201"-es számmal ellátott, sűrű álcázómintás páncélos a 2. század parancsnokának a járműve volt. A páncéltest oldalán alig lehet észrevenni a hasábkeresztet. A jármű 1944. április-májusában készült, és mivel a köténylemezeket leszerelték és a motorháztetőre fektették, jól látható, hogy a Zimmerit-bevonatot a lemezek felszerelése előtt vitték fel a felületre. Érdekes a terepfestés két eltérő árnyalata a kötényzet vonala alatt és felett, illetve a lánctalpak kapaszkodókarmainak (Gleitschutzpickeln) fényessége, ami annak is köszönhető, hogy a harckocsi macskakövön halad.

Although no unit marking is visible, the style of turret number and background indicate this is a Tiger I from s.Pz.Abt.503 in Normandy during July 1944. "201", in black with a white outline that has significant overspray, would be the executive officer's vehicle in the 2.Kompanie. A Balkenkreuz is barely visible on the hull side. This vehicle was built in April or May 1944 and the missing side skirts, some of which are laying on the engine deck, clearly show that Zimmerit was applied prior to the skirts being installed. The tonal difference between the camouflage above and below the skirt line is interesting as are the shiny Gleitschutzpickeln (chevrons) on the track face from driving on cobblestones.

Péter Kocsis Collection

A páncéltest és a torony tetőlemezének sérülései alapján ezzel a Tiger I-sel egy belső robbanás végzett – a hiányzó lánctalp azt sugallja, hogy egy akna robbant fel alatta, de az is elképzelhető, hogy a személyzet használta fel a minden egyes Tigerhez rendszeresített robbanótöltetet (Zerstörerpatronen), amelynek az volt a célja, hogy megakadályozza az ép harckocsi ellenséges kézre jutását. Látható az 1944 februárjától alkalmazott, a toronygyűrűt védő lemez, de úgy tűnik, a torony tetejéről még hiányoznak a darut rögzítő elemek, tehát a páncélos még 1944 áprilisának közepe előtt készült. A Zimemrit-bevonat többé-kevésbé épnek tűnik, a csőszájféket ugyanakkor valami elforgatta egy picit.

Given the damage suffered to this late Tiger I's deck plates and turret roof, it suffered an internal explosion, possibly from a mine given its missing track, or perhaps self destruction by the crew using the Zerstörerpatronen (destruction charges) that were included in every Tiger's equipment complement to avoid them falling into enemy hands. Visible is the turret ring guard introduced in February 1944, but it does not appear to have Pilze on the turret roof so was built before mid-April. The Zimmerit coat is quite intact and the muzzle brake is slightly rotated.

Péter Kocsis Collection

Ez az amerikai katonák által vizsgált Tiger egy nagyon kései gyártású, valamikor 1944 júniusa és a gyártás augusztusi befejezése közötti időszakban készült példány. A lövegpajzson egyetlen nyílás van a T.Z.F.9c típusú irányzóműszer számára, a töltő-kezelő búvónyílása a legutolsó változat és a torony tetőlemezére szerelhető emelődaru három bölcsője közül egy látható is a töltő-kezelő periszkópja mögött. A lövegen a könnyített csőszájfék van, amit érdemes összehasonlítani az előző képen szereplő Tiger eredeti, nagyobb csőszájfékével.

This Tiger I from s.Pz.Abt.508 abandoned in Italy, being inspected by American soldiers, is a very late production vehicle, produced sometime between June 1944 and the end of series production in August. It has a mantlet with single hole for the T.Z.F.9c monocular gun sight, the final version of the loader's hatch, and Pilze sockets for the jib boom, one of which is just visible behind the loader's periscope. It also has the lightweight muzzle brake and a good comparison can be seen between this photo and the Tiger in the previous photo which has the original muzzle brake.

A Tigereket is használták parancsnoki feladatkörben, mint például az 503. nehézpáncélos-osztály Rosztovban, 1943 januárjában vagy februárjában lefényképezett korai gyártású harckocsiját. A fekete kerettel festett fehér római „I" az osztályparancsnok kocsiját jelölte, a kiegészítő antenna csonkja a tornyon látható. A RAL 7021 sötétszürke alapszínt fehér téli álcázás fedi. A harckocsi 1942 decemberében készült, hiszen a torony oldalán már van menekülőnyílás, és a korábban (a Pz.Kpfw. III-okon is) alkalmazott tárolódoboz helyett újabb típusúval van felszerelve, ugyanakkor még nincsenek rajta az élőerő elleni aknavetők. Vélhetően Feifel-szűrővel is felszerelték, ezeket azonban az osztály katonái leszerelték az oroszországi bevetés előtt.

Like the Panther, command Tigers were also used, such as this early production Panzerbefehlswagen Tiger Ausf. E from s.Pz.Abt.503 seen somewhere near Rostov in January or February 1943. "I", in white with a thin black outline, is the battalion commander's tank and the additional antenna base can be seen on the turret. A solid layer of whitewash has been applied over the RAL 7021 Dunkelgrau. This Tiger was built in December 1942 as it already has the turret escape hatch and initial version of the turret stowage bin in lieu of the Pz.Kpfw. III bin, but does not yet have the S-mine dischargers. It should also have Feifel air filters but s.Pz.Abt.503 removed most of them prior to deployment to Russia.

Péter Kocsis Collection

A háború legnehezebb, sorozatban gyártott járműve az igencsak hatékony Panzerjäger Tiger Ausf. B „Jagdtiger" volt. Noha alakulatjelzés nem látható rajta, a képen szereplő Jagdtiger a 653. nehéz-páncélvadászosztály 2. századának „234"-es járműve, amely 1945. március 23-án került veszteséglistára, miután a németországi Zeiskamban egy amerikai harckocsi találata leszakította a jobb oldali lánctalpát és a saját személyzetének fel kellett robbantania. A pusztítás okozta tűz miatt a jármű futóműve megroggyant. A felépítmény oldalára hegesztett, összesen hat pár tartalék lánctag rögzítésére szolgáló akasztóhorgok alapján a jármű 1945 elején készült.

The impressive Panzerjäger Tiger Ausf.B "Jagdtiger" was the heaviest series produced vehicle of the war. Although no markings are visible, the Jagdtiger seen here is vehicle "234" from 2.Kompanie / schwere Panzerjäger-Abteilung 653, lost on March 23, 1945 in Zeiskam, Germany after a shot from an American tank broke its right track and it had to be blown up by the crew. The resultant fire caused the suspension to collapse. This particular vehicle was built in early 1945 as it has the additional set of hooks on the superstructure for carrying 6 sets of spare track per side instead of four.

A "234"-es Jagdtigerről készült másik fényképen látható, hogy a személyzet által elhelyezett robbanótöltet hatására a motorháztető elmozdult a helyéről. A járműről készült más fényképeken felfedezhető a lánctagok felfüggesztésére szolgáló horgok között a fehér keretes fekete harcászati azonosítószám. Jól látható a motorháztetőre szerelt légvédelmi géppuska-állvány (Fliegerdrehstütze 36), aminek azonban hiányzik a felső eleme, amibe az MG 42 géppuskát bele lehetett rögzíteni. A motorindító karon kívül az összes szerszám is hiányzik. A 653. nehéz-páncélvadászosztály számos Jagdtigerétől eltérően ezen a páncéloson nincs álcázófestés, csupán a RAL 7028 sötétsárga alapszín.

Another view of Jagdtiger "234" shows the dislodged engine deck due to the crew's demolition charges. Other photos do show the tactical number in black with a white outline amongst the middle set of track hangers. Visible is the Fliegerdrehstütze 36 (monopod AA stand) on the engine access hatch for mounting a MG42, although the top attachment bracket is missing. Also missing are all the tools other then the engine starting crank. Until many s.Pz.Jg.Abt.653 Jagdtigers, this one does not have any camouflage applied and is painted RAL 7028 Dunkelgelb.

Péter Kocsis Collection

Kényszerűségből olyan megoldásokat kellett találni, mint a csehszlovák Skoda LT vz. 38 [Pz. Kpfw. 38 (t)] gyártásának folytatása. A 7. páncéloshadosztály itt látható Ausf. B-jét a belgiumi Dinant-ban fényképezték le 1940 májusában. A tornyon és a páncéltest frontpáncélzatán hat kis űrméretű találat számolható meg. A fehér keretes piros „621"-es harckocsin számos érdekes jelzést láthatunk, többek között megkettőzött hasábkeresztet a felépítmény oldalán (ez a 6. századnak legalább egy másik harckocsiján is felfedezhető). A hadosztály sárga jelzése, egy fordított Y három ponttal épp csak kivehető a rádiós kinézőnyílása felett, amelynek a fedőlemezét ellőtték. Úgy tűnik, a személyzet az egyik szegecset „használta" az utolsó pont felfestéséhez.

German production capacity could never meet the demand for AFVs, so alternative sources were found such as continuing production of the Czechoslovakian Skoda LT vz.38, designated Pz.Kpfw. 38(t) in German service. This Ausf.B from 7.Pz.Div. is seen in Dinant, Belgium in May 1944, with no less then 6 visible small caliber penetrations in the front hull and turret. "621", in red with white outline, carries interesting markings, including two Balkenkreuz on the hull side, also seen on at least one other 6.Kompanie vehicle. The yellow divisional insignia of an inverted Y with three dots is just visible above the radio operator's vision port that had its cover shot off, and it appears the crew has used the top rivet in place of the third dot.

Péter Kocsis Collection

A lángoló T-34 mellett elhaladó Pz.Kpfw. 38(t) Ausf. E vagy F-en jól látható, hogy a 7. páncélos-hadosztály jelzését egy sárga „Y”-ra cserélték. A kép a Szovjetunióban készült, 1941-ben. Az Ausf. E-től kezdődően megemelték a kipufogót, hogy helyet biztosítsanak alatta a ködgránátvetők rakaszának (Nebelkerzenabwurfvorrichtung). A hadosztály páncélosainak jellegzetes kiegészítője volt a négy kanna befogadására alkalmas, fából készült láda, akárcsak az önmentésre szolgáló gerenda. A hátsó lámpákat és a NOTEK-lámpát átszerelték a motorháztetőre. A páncélos a többféle változatban készült, 200 literes hordót szállító üzemanyag-tréler (Kraftstoffanhänger) egyikét vontatja – a hordó anyagába belepréselték a „KRAFTSTOFF” és „200L” jelzéseket.

7.Pz.Div. changed its insignia to a yellow “Y”, seen here on the turret rear of this Pz.Kpfw. 38(t) Ausf.E or F in Russia in 1941 passing a burning T-34. The Ausf.E saw the muffler raised so that a Nebelkerzenabwurfvorrichtung (smoke grenade rack) could be installed below it. A wooden box for four jerrycans on the engine deck was typical for this unit, as well as a substantial unditching beam on the left fender. Notice how both the taillight and Notek convoy light have been relocated to the engine deck due to the fender stowage. To extend its range it tows one of the many variations of Kraftstoffanhänger (fuel trailer) carrying one 200 liter drum, with “KRAFTSTOFF” and “200L” imprinted in the lid.

Péter Kocsis Collection

A Pz.Kpfw. 38(t) parancsnoki feladatkörben. Erre utal a páncéltestből kiszerelt ZB vz.37 géppuska, illetve a nyílását takaró fedőlemez. Így hely lett a kiegészítő rádiókészülékeknek is. Ez a fehérre meszelt Panzerbefehlswagen 38(t), amelyet Lvivben (Lemberg) fényképeztek le, egy Ausf. B változat, mivel a torony körül hiányzik a lövedékeket eltérítő védőgyűrű. Keretantenna sincs a járművön, így ez egy Sd.Kfz. 266-os változat, amelyet a páncélososztály törzsében alkalmaztak. A harckocsit feljavították, az Ausf. G-ken rendszeresített kiegészítéssel is, mint például tartalék lánctalptagokkal a frontpáncélzaton, illetve a NOTEK-lámpát is a homlokpáncélra szerelték. A későbbi, 1942-es változatú tűzoltókészüléket is szokatlan helyre rögzítették.

Pz.Kpfw. 38(t) were also used as command vehicles, the most telltale sign being the removal of the hull ZB vz.37 MG and plating over the opening to allow more room for extra radios, as seen here. This whitewashed Panzerbefehlswagen 38(t) seen in Lvov, Ukraine (Lemberg in German) is an Ausf.B, as it lacks the turret ring splash protector, and since no frame antenna is carried, it is a Sd.kfz. 266 used by the battalion HQ. It has also been updated with some Ausf.G features like the spare tracks on the glacis and lower front hull, and the Notek light located on the glacis plate instead of on the fender. The fire extinguisher is mounted in an unusual location and is also the later 1942 style.

Péter Kocsis Collection

A vezető egyenes szélű kinézőnyílása alapján ez a Panzerbefehlswagen 38(t) egy Ausf. E vagy F változat. A járművön két jellegzetesség is felfedezhető, amely alapján a 12. páncéloshadosztály állományába tartozott: a tripla ködgránátvetők a hátsó sárvédőkön – amelyek közül az egyiket láthatólag már elműködtették –, és a sárvédőre erősített tárolódoboz, amelyre sárgával festették fel a harcászati azonosítószámot, jelen esetben valószínűleg „591"-et. A vezető oldalsó kinézőnyílása mellett látható a hadosztályjelzés, egy körrel határolt sárga „Y".

This Panzerbefehlswagen 38(t) is an Ausf. E or F, identified by the straight front driver's plate instead of the staggered one of the previous versions. This vehicle has two distinguishing features that indicate it is from 12.Pz.Div. The triple smoke dischargers on the rear of each fender, with the one seen here having already fired one of its canisters, and the stowage box on the fender with the tactical number in yellow painted on it, probably "591". Just visible in front of the driver's side vision port is the divisional insignia, also in yellow, of a "Y" in a circle.

Péter Kocsis Collection

Egy újabb Panzerbefehlswagen 38(t) Ausf. E/F, a 19. páncéloshadosztály 27. páncélosezredéből. Az alakulat beazonosításában segít a nagyméretű, tárolódoboz a sárvédőn és mögötte az üzemanyagkannák tárolórekesze. Szintén az alakulatnál készítették, és az ezred számos Pz.Kpfw. 38(t) harckocsiján is megfigyelhető a torony hátuljára rögzített tárolódoboz, amely ívesen illeszkedett a torony hátlemezéhez. A fehér „II01" toronyszám igencsak érdekes, mintha a személyzet nem fejezte volna be a római II-es alsó részét. A jármű a II. páncélososztály parancsokáé volt. A háttérben egy Pz.Kpfw. IV a saját alakulata által megtervezett kiegészítésekkel: három tartalék futógörgő tárolására alkalmas kerettel a sárvédőn és a torony hátsó tárolódobozával.

Another Panzerbefehlswagen 38(t) Ausf. E/F, this one from Pz.Rgt.27 / 19.Pz.Div. It to is identified by its unique stowage arrangement of a large stowage box on the fender with sloped lid and jerrycan racks behind. It also has a unit made stowage bin on the turret that was shaped to fit the curved rear plate, seen on a number of other 38(t)s in this regiment. The tactical number "II01" in white outline is quite interesting as the crew did not bother to paint the bottom line of the double I. This vehicle would be the one for the commander of the second abteilung (battalion). In the background is a Pz.Kpfw. IV with its own unit designed stowage, including a rack for three spare roadwheels on the fender and a rear turret stowage bin.

A Pz.Kpfw. 38(t) legsikeresebb változata kétségtelenül a Jagdpanzer 38(t) „Hetzer" volt. A kisméretű, nyitott hátsó motorházfedélre erősített kapaszkodó beállítása alapján a páncélos a B.M.M. gyárában készült. A kései kivitelezésű kipufogó és a négy furattal készült hátsó láncfeszítőkerék alapján a gyártás ideje 1945 tavasza. A frontpáncélzaton az irányzóműszer lerobbant, csúsztatható fedőlemeze látható a periszkóp védőkeretével, a jármű előtt pedig az emelő fa alátétje hever, amelynek eredetileg az első sárvédőn volt a helye. A harcjárművön kontúros szélű, gyári szabvány háromszínű (sötétsárga, vörösesbarna, olívzöld) terepfestés látható.

Without a doubt the most successful variant of the Pz.Kpfw. 38(t) was the Jagdpanzer 38 "Hetzer". The orientation of the grab handle on the small open hatch at the rear indicates this vehicle was produced by BMM. It also has the later style of exhaust/muffler and the rare idler with only four holes so this vehicle was built in the spring of 1945. Lying on the glacis plate is the sliding cover with brush guard for the gunner's periscope and in front of the vehicle is the jack block that has come loose from the fender. The vehicle is painted in a factory applied, hard-edged, three-color scheme of Dunkelgelb, Olivgrün and Rotbraun.

Egy szintén kései kivitelezésű, B.M.M. (Böhmische Mährische Maschinenfabrik) gyártású „Hetzer", noha a gyakoribb hatlyukas láncfeszítőkerékkel. A robbanás és tűz függőleges helyzetbe görbítette a kései kipufogót és néhány futógörgőről leégette a gumírozást, ugyanakkor rápillantást biztosít a 7,5 cm-es PaK 39 zárszerkezetére, illetve a küzdőtérre. A páncélos oldalán látható harcászati azonosítószám, talán „124". Az előtérben egy kilőtt Sd.Kfz. 250 Ausf. A könnyű lövészpáncélos egy tekintélyes méretű hátsó tárolókerettel és attól jobbra egy fura rögzítővel. Érdekes, hogy az MG 34 géppuska még rögzítve van a hátsó állványra. Mindkét járművet a Halbe-katlanból történő kitörés során semmisítették meg 1945 májusában.

This is another late production Hetzer produced by BMM(Böhmische Mährische Maschinenfabrik), although it carries the more common six-hole idler. The catastrophic explosion and fire has caused the late style muffler to stand on end and burnt the rubber off some road wheels, but gives us a glimpse of the 7.5cm Pak 39 breech and how congested the fighting compartment was. A tactical number is visible on the side, possible "124". In the foreground is a knocked out Sd.Kfz. 250 Ausf.A halftrack with a substantial stowage frame on the rear and an odd bracket to its right, still mounting an MG34 on the rear swing arm. Both these vehicles were destroyed during the breakout from the Halbe Pocket in May 1945.

Péter Kocsis Collection

Az önjáró páncéltörő lövegek iránti igény a zsákmányolt harckocsik átalakításához vezetett. Ilyen a Renault R35 is, amelynek a bázisán alakították ki a 4,7 cm-es PaK (t) (Sfl.) auf Fgst. Pz.Kpfw. 35 R731(f) páncélvadászt, amely ugyanazt a löveget kapta, mint a Panzerjäger I. A „Barbarossa" hadművelet kezdetére a 174 legyártott harcjárműből 81 került három önálló (559., 561. és 611.) páncélvadászosztályhoz. Ez a páncélos egyszínű RAL 7021 sötétszürke festést kapott, és a szokásostól eltérően a frontpáncélzatra is felkerült egy hasábkereszt és az 1. századot jelölő „1"-es szám. Az alakulatot sajnos nem sikerült beazonosítani, de más járművein is felismerhető ez a jelzéselrendezés. Figyeljük meg a teknő frontpáncélján a kidomborodó Renault-jelet!

The need for more self-propelled anti-tank guns led to the conversion of captured tanks, including the Renault R35 to produce the 4.7 cm Pak(t) (Sfl.) auf Fgst.Pz.Kpfw.35 R 731(f), mounting the same weapon as the Panzerjäger I. 174 were built, with 81 equipping three independent Panzer-Jäger-Abteilung (Sfl.) – 559, 561 & 611 - in time for Barbarossa in June 1941. This vehicle is in solid RAL 7021 Dunkelgrau and carries a white outline Balkenkreuz in an unusual spot beside the gun that was seen on other vehicles of this unknown unit, as was the solid white "1" indicating 1.Kompanie. Notice the prominent "Renault" badge on the front hull.

Péter Kocsis Collection

A nyugati fronton számos 4,7 cm-es PaK (t) auf 35R-t utaltak ki a gyaloghadosztályok páncélvadászosztályainak. 2-10 jármű került egy-egy alegységhez, és ezek közül több is megérte az 1945-ös esztendőt. Ez a háromszínű álcázófestést viselő jármű Lorient-ben teljesített szolgálatot egészen 1945. május 10-ig. A helyőrséget 1944 augusztusában szigetelték el ám az a háború végéig kitartott. Mivel egy-egy század három szakaszában három-három jármű volt, a fehér „C" valószínűleg a harmadik járművet jelölte a szakaszon belül. A ponyvatartó fémkeret melletti figyelőműszer kiemelt állapotban van. A sárvédő elején egy „British Petrol" üzemanyagkanna látható a cég akkori jelzésével (fekete "BP" fehér pajzson).

Many 4.7 cm Pak(t) auf R35 were assigned to the Pz.Jg.Abt. of infantry divisions on the western front, typically 2-10 vehicles, and survived into 1945. This vehicle in three-color camouflage was still in use in Lorient, France when the garrison surrendered on May 10, 1945 after being surrounded by the Allies in August 1944 and left in a state of siege. Since there were 3 guns in each of the 3 sections of a company, the white "C" probably indicates the 3rd gun in the section. Notice the fully raised periscope alongside the hoop for a roof tarpaulin, and the British Petroleum oil can on the fender with the then current logo of a black "BP" (in quotation marks) on a white shield.

Péter Kocsis Collection

Az önjáró tüzérség felszereléséhez is szükség volt a francia harckocsik átalakításához. Ezúttal egy Hotckiss H35 képezte az alapot. 24 ilyen jármű készült, amelynek a felét 10,5 cm-es le.F.H. 16, a másik felét 10,5 cm-es le.F.H. 18 tarackokkal szerelték fel. A két típust a lövegcső feletti helyretolószerkezet páncélozott borítása különböztette meg. A franciaországi Saint-Lambert-sur-Dives-ben kialakított roncstelepen készült fényképen egy 10,5 cm le.F.H.18 (Sfl.) auf Geschützwagen 39H(f) látható. A 24 jármű a 21. páncéloshadosztály 200. rohamlövegosztályához került, ahol négy üteg között osztották meg őket. A roncstelepen lévő járműveken felfedezhető fehér kört már a Szövetséges csapatok egyik műszaki alakulata festette fel.

Like the anti-tank guns, demand for self-propelled artillery necessitated the use of French tanks for conversion as well, such as the Hotchkiss H35. It was used to build 10.5cm guns, 12 each using the le.F.H.16 and le.F.H.18, differentiated by the armored pneumatic recuperator above the barrel, as seen here in the Saint-Lambert-sur-Dives vehicle dump on this 10.5cm le.F.H.18 (Sfl.) auf Geschützwagen 39H(f). All 24 were issued to Sturmgeschütz-Abteilung 200/21.Pz.Div., divided into 4 batteries. The white circle was applied by an Allied recovery team and seen on many vehicles in this dump.

TsAMO

A 15 cm-es Nebelwerfer 41 és az Opel Maultier párosításából született Panzerwerfer 42 biztosította a rakétatüzérség számár a mozgékonyságot. Az éles kontúros álcázófestésen kopottas téli meszelést „viselő" jármű a 21/11. (páncélos) sorozatvető-üteg [21.(Pz.)/Werfer-Abteilung 11] állományába tartozott és a szovjet 2. csapásmérő hadsereg zsákmányaként végezte 1944 januárjában. A tüzérosztályok ütegei nyolc Panzerwerfer 42-vel rendelkeztek, így a fehér keretes piros „F" a hatodik járművet jelölhette. A fekete rombusz az alakulat több járművén – Panzerwerferen és Munitionsfahrzeug auf Panzerwerfer 42-n (lőszerszállító) – is felbukkant, de eltérő számokkal, mint az itt látható 12-es. A számok az egyes járműveket jelölhették.

The Panzerwerfer 42 brought much need mobility to the rocket artillery, combining a 15cm Nebelwerfer 41 on a lightly armored Opel Maultier chassis. This vehicle with a worn whitewash over hard-edged camouflage is from 21.(Pz.)/Werfer-Abteilung 11 and was captured by the Soviet 2nd Shock Army in January 1944. Each Batterie (Abteilung) had 8 Panzerwerfers, so "F" would be the 6th vehicle, and the letter appears to be in red with a white outline. The black diamond appears on numerous vehicles in this unit, both Panzerwerfers and Munitionsfahrzeug auf Panzerwerfer 42 (munitions carriers), but with different numbers such as "12" seen here. They could be vehicle numbers within the Batterie.

TsAMO

▲

Ez a Panzerwerfer 42, amely az előző képen a háttérben áll, szintén a 21/11. (páncélos) sorozatvető-üteg járműve. A 21.(Pz.) jelzést a sorozatvető-ezredek I. osztályának adták, a 11. sorozatvető-osztályt (Wfr. Abt. 11) korábban 1. nehéz-sorozatvetőezrednek (s.Wfr. Rgt. 1) nevezték. Az üteg járműveinek betűjelzését a farpáncélzatra is felfestették, illetve más fényképek alapján a bal hátsó ajtónak a belső felületére is felkerült. Az „E" betű alatt az önjáró rakéta-üteg fekete jelzése látható, amit a frontpáncélzat jobb első felére is felfestettek. Ennek a járműnek hatlyukú láncfeszítőkereke és a ritka, három merevítő-bordával erősített futógörgői, míg az előző „F" járműnek hatküllős láncfeszítőkereke és kétlyukas, tömör futógörgői vannak.

▲

This is the Panzerwerfer 42 seen in the background of the previous photo, also belonging to 21.(Pz.)/Wfr.Abt.11. 21.(Pz.) was the designation given to the I.Abteilung of Werfer-Regiments, and Wfr.Abt.11 was previously named s.Wfr.Rgt.1. Vehicle "E" shows that the batterie vehicle number was carried on the rear, and other photos show it was also painted on the inside of the left rear door. Below the letter is the tactical symbol in black for a self-propelled rocket batterie, also painted on the right side of the front plate. Notice that this vehicle has idlers with six holes and the rare solid road wheels with 3 stiffening spokes, whereas vehicle "F" has six spoked idlers with six holes and solid road wheels with two small holes.

Péter Kocsis Collection

Az alegységek lőszerutánpótlása alapvető fontosságú volt, az Sd.Kfz. 252-t kifejezetten a rohamlöveg-alakulatok részére fejlesztették ki. A katonák egy speciális, eredetileg az Sd.Kfz. 252 által vontatott utánfutóról (Sonder-Anhänger 32/1) töltik fel 7,5 cm-es StuK 37 L/24 lőszerrel a járművüket. A jelzések, noha nehezen kivehetőek, arra utalnak, hogy a páncélos a 245. rohamlövegosztály állományába tartozik, a sárga harcászati jelzés (2/245) alapján a 2. üteghez. A fehér pajzs alakú alakulatjelzésen sajnos kivehetetlen a karmai között lőszert tartó sas. A sárvédő fehérre festett széle az éjszakai közlekedést segítette a járművek konvojban haladása esetén.

Keeping units supplied with munitions was imperative and the Sd.Kfz. 252 was specifically designed for Sturmgeschütz units. This crew is reloading their vehicle with 7.5cm StuK 37 L/24 rounds from a Sonder-Anhänger 32/1 (Sd.Anh.) trailer normally pulled by the Sd.Kfz. 252. The markings, while hard to read, indicate this vehicle is from Sturmgeschütz-Abteilung 245, with the yellow tactical marking reading “2/245” for 2.Batterie. The unit insignia is the white shield seen here, but the eagle with a shell in its talons that is superimposed over top is illegible. The white painted fender edges helped with night visibility while driving in columns.

Péter Kocsis Collection

Egy másik, katasztrofális sérüléseket szenvedett Sd.Kfz. 252 könnyű páncélozott lőszerszállító jármű (leichter gepanzerter Munitionstransportkraftwagen) a 245. rohamlövegosztály állományából. A fénykép jól illusztrálja, hogy milyen vékony volt a jármű oldalpáncélzata. A 8 mm-es vastagságú lemezek a 7,92 mm-es S.m.K. (Spitzgeschoss mit Kern – acélmagvas) lőszernél nagyobb lövedékeket már nem fogták meg. A láncfeszítőkerék mögül kiálló csővel a kerék előre, illetve hátramozgatását, így a lánc feszességét lehetett állítani. Láthatjuk, hogy a küzdőtérben nem voltak külön kialakított rekeszek a 7,5 cm-es lőszereknek, azokat a saját tárolóeszközeikben málházták be a járműbe.

This is another leichter gepanzerter Munitionstransportkraftwagen Sd.Kfz. 252 from StuG-Abt. 245 that has suffered catastrophic damage. The photo clearly shows how thin the side armor was, at only 8mm it couldn't stop anything more than a 7.92mm S.m.K (Spitzgeschoss mit Kern) round, an armor piercing bullet. The tubular device in the foreground was for adjusting the idler wheel forward or back, and thus the track tension. The view into the interior shows that there were no ammunition racks for the 7.5cm rounds and that they were simply stored in their packing containers.

Péter Kocsis Collection

A gyalogság páncélozott szállításának igénye vezetett az Sd.Kfz. 251 kifejlesztéséhez, ám a legtöbb ezred csak egy zászlóalj felszereléséhez elegendő mennyiséget kapott. A képen látható járművön a 23. páncéloshadosztály mindkét jelzése fellelhető: a hivatalos sárga, ferde, áthúzott nyíl és az alakulat franciaországi felállítására utaló nem hivatalos változat, az Eiffel-torony fehér sziluettje. A géppuska-pajzs hiánya és a páncélgránátos-zászlóalj 4. századának 1942-es harcászati jelzése alapján ez a jármű valószínűleg egy m.S.P.W. (Granatwerfer) Sd.Kfz. 251/2 Ausf. C, amely egy 8 cm-es aknavetőt szállít. A hadosztály 126. lövészezredének I. zászlóalja 1942-ben a 4. században vonta össze a nehézfegyverzetet.

The need to provide armored transport for the infantry led to the development of the Sd.Kfz. 251, but most regiments only got enough for one battalion. This vehicle carries both of 23.Pz. Div.'s insignia, the official marking of an angled yellow arrow with a bar, and the unofficial white silhouette of the Eiffel Tower signifying its formation in France. The combination of the missing shield for the front MG and the 1942 tactical marking for the 4th company of an armored infantry battalion means this is probably an m.S.P.W. (Granatwerfer) Sd.Kfz. 251/2 Ausf.C carrying an 8cm G.W. 34 mortar. The I.Abt./Schützen-Regiment 126 grouped their heavy weapons in the 4.Kompanie in 1942.

Péter Kocsis Collection

Igencsak érdekes a 18. páncéloshadosztály fehérre meszelt Sd.Kfz. 251 Ausf. C-je. Úgy tűnik, ez eredetileg egy egyszerű csatár változat volt, amit egy teleszkóp és az arra erősített „B" típusú antenna (Stabantenne "B") beépítésével átalakítottak parancsnoki változattá. Az sajnos nem egyértelmű, hogy maga a teleszkóp 8 vagy 9 méteres. Az előbbit általában a Fu 8, utóbbit a Fu 11 rádiókészülékhez használták. A vezető és a segéd-vezető kinézőnyílását ellátták páncélüveggel és ablaktörlővel. A motortér oldalára tessék-lássék módon felerősített tartalék lánctagoknak különösen kopottak és viseltesek a gumibetétei.

This whitewashed Sd.Kfz. 251 Ausf.C from 18.Panzer-Division is quite unique. It appears to be a standard vehicle that has been converted into a command version, with a Kurbelmast (extendable radio mast) being mounted inside the crew compartment topped with a Stern-Stabantenne "B". It is unclear if this is an 8 meter or 9 meter Kurbelmast, the first typically used with the Fu 8, the latter with the Fu 11. Both the driver's and co-driver's vision ports have been equipped with windshields and wipers. The set of track links haphazardly tied to the side of engine compartment have extremely worn rubber pads.

Péter Kocsis Collection

A spanyol polgárháború során a 8,8 cm-es légvédelmi ágyú földi célpontok elleni alkalmazásával szerzett tapasztalatok vezettek a FlaK 18 egyik változatának, a Bunkerknacker-nak (Bunker-romboló) és vontatójárművének, a páncélozott Sd.Kfz. 7 féllánctalpasnak (gepanzerter Zugkraftwagen 8t) a kifejlesztéséhez. A FlaK 18 egy új, módosított lövegpajzsot és hat lőszer befogadására alkalmas rakaszt kapott, a lehajtható talpat alkalmassá tették, hogy a löveget akkor is használni lehessen, ha nem szerelték le az Sd. Anh. 201 trélerről, illetve a töltő-kezelő is kapott egy platformot, amin dolgozhatott. Az álcázó növényzet, a frontpáncélzat mögé elhelyezett vontatókábel és a sárvédőre festett jelzések alapján a jármű és a löveg az 560. páncélvadász-osztály állományába tartozott. A fehér harcászati jelzés a vontatott páncéltörő ágyús századot takarja, alatta pedig az alakulat hadrendi megnevezése látható („Pz-Jäg.Abt.560").

Experience with using the 8.8cm Flak in the ground role during the Spanish Civil War led to the development of a specialized version of the Flak 18, the Bunkerknacker (bunker buster), and its equally unique towing vehicle, an armored Sd.Kfz. 7 halftrack, the gepanzerter Zugkraftwagen 8t. The Flak 18 had a modified armored shield, ready rack for 6 rounds, fold out struts to allow it to be fired from the Sd.Anh.201 trailer and a platform for the loader. This combination with foliage, rolled up mats, tow cable behind the front armor and fender markings indicate it is from Pz.Jag.Abt. 560. The white tactical marking is for a towed anti-tank gun company and the text below it reads "Pz-Jäg. Abt.560".

Archive of Modern Conflict

A háború valószínűleg legjobb páncélautójából, az Sd.Kfz. 234/2 (5 cm) nehéz páncélgépkocsiból csupán 101 darabot készítettek. A tornyán fehér „Hornisse" feliratot viselő jármű a 20. páncéloshadosztály 20. páncélos-felderítőosztályának állományába tartozott. Az alakulat jelzése, felül egy íves vonalnak irányuló, függőlegesen álló sárga nyíl, középen a fehér „Pz.A.A.20" felirat és alatta a páncélos felderítő törzsszázad fehér harcászati jelzése („St" kiegészítéssel) a frontpáncélzat bal szélén látható egy fekete négyzetben. Az alegység mind a tizenhat nehéz felderítő páncélgépkocsija a törzsszázadban állt szolgálatban. A képen nem látszik a fehér keretes fekete „023"-as szám a hasábkereszt mögött.

Probably the best armored car of the war, only 101 of the schwere Panzerspähwagen (5cm) Sd.Kfz. 234/2 were produced. This vehicle with the name "Hornisse" in white on the turret is from Pz.A.A.20 20 / 20.Pz.Div. The unit's unique insignia is seen on the left side of the front plate painted on a black square, consisting of the yellow divisional emblem of an upward pointing arrow through a curved line on top, the white text "Pz.A.A.20" in the middle and a tactical sign below it in white for an armored recon company with the text "St." beside it, since all 16 cars were assigned to the Stabskompanie (staff company). Not visible here is the vehicle number "023" in black with a white outline on the turret behind the Balkenkreuz.

A Citroen TAMH a típus TUB tehergépjárművének volt a katonai mentő változata, amelyből 713 darabot gyártottak a francia hadsereg részére 1940 februárja és júniusa között. Ezekből számos példány a Wehrmacht állományába került. Az itt látható „16"-os mentőautón egy egészségügyi szakasz harcászati jelzése látható, felette pedig egy nagyon halvány, beazonosítatlan alakulatjelzés fedezhető fel. A Vöröskereszt a tipikusan kör alapba festett német változat helyett a francia szabványoknak megfelelően egy négyzetben látható, vélhetően, mert a jármű átfestésekor egyszerűen kitakarták – eredetileg az összes TAMH gyárilag olívzöld festéssel készült. A tetőlemez hátsó részét szintén fehérre festették, ezért tűnik eltérő árnyalatúnak.

The Citroën TAMH was the militarized ambulance version of their TUB light utility van. 713 examples were built for the French army between February and June 1940 and many were taken into Wehrmacht service. Ambulance number "16" seen here carries the tactical sign for an ambulance platoon and there appears to be a very faint unit emblem above it that is unidentified. The Red Cross symbol is the standard French style in a square as opposed to the German one that was typically in a circle, so it was most likely masked over during re-painting, as all the TAMHs were painted solid Vert olive (olive green) at the factory. They also had the rear portion of the roof painted white and there does appear to be a tonal difference here.

Legalább nyolc TAMH mentő áll oszlopban, az élen a „12"-es kocsival. Jobbról a második katonával már találkoztunk az előző fényképen. A valószínűleg sárga jelzés a 17. páncéloshadosztályé, így ezek a járművek a Sanitäts-Truppen 27 1., 2. vagy 3. mentőautó-szakaszához tartoznak. Nehéz megállapítani, hogy milyen színűek, de tekintve, hogy a 17. páncéloshadosztály 1942 közepén kapott valószínűleg a második trópusi (RAL 8020 sárgásbarna és RAL 7027 homokszürke) mintázattal festett Pz.Kpfw. IV harckocsikat - és az egyenruhák alapján úgy tűnik, hogy ezek a fényképek 1942 végén, vagy 1943 elején készültek –, elképzelhető, hogy RAL 7021 sötétszürkék valamelyik trópusi színnel, vagy az említett két trópusi álcázószínt viselik.

This picture shows the unit of TAMH ambulances, with at least 8 vehicles visible that are being led by number "12". The soldier second from right is the same person in the previous photo. Visible is the insignia for 17.Pz.Div., probably in yellow, so these vehicles belong to Krankenkraftwagen-Zug 1, 2 or 3 of Sanitäts-Truppen 27. It is difficult to say what color these are but 17.Pz.Div. did have Pz.Kpfw. IV delivered in mid-1942 in what was most likely the second tropical scheme (RAL 8020 Gelbbraun & RAL7027 Sandgrau) and these pictures appear to be taken in late 1942 or early 1943 given the uniforms. As such, they could be RAL 7021 Dunkelgrau with one of the tropical colors, or even in the two-color tropical scheme.

Péter Kocsis Collection

A kiégett Horch 901 Kfz. 12 közepes személygépkocsi hűtőrácsára rögzített lópatkó ezúttal egyértelműen nem hozott szerencsét. A nyitott motorháztető alapján elképzelhető, hogy a tüzet valamilyen motorhiba okozta, nem pedig ellenséges behatás. A rendszámtábla felett a 3. páncéloshadosztály „felborított" E betűt mintázó sárga jelzése látható, amit az alakulat 1939-1940 között használt, mígnem 1941-ben felváltotta a két vonallal kiegészített fordított „Y".

The horseshoe attached to the radiator of this burnt out Horch 901 Kfz. 12 Medium Uniform Personenkraftwagen (passenger car) obviously did not bring it any luck. Given the open hood it's possible that the fire was started by an engine problem as opposed to enemy action. Above the license plate is the yellow sideways "E" insignia for 3.Panzer-Division, which was used from 1939-1940 until changed to an inverted "Y" with two tick marks in 1941.

A SOROZAT EDDIG MEGJELENT KÖTETEI / AVAILABLE IN THIS SERIES

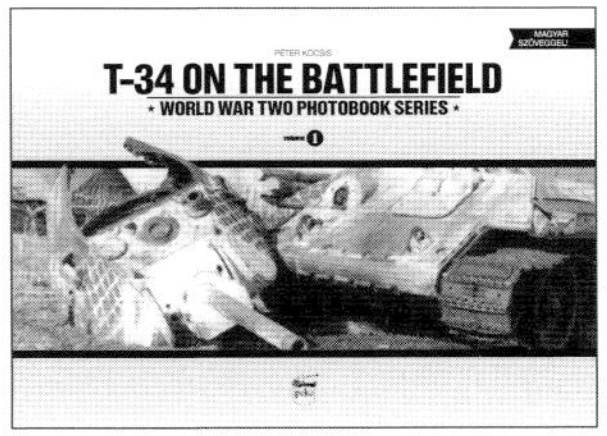

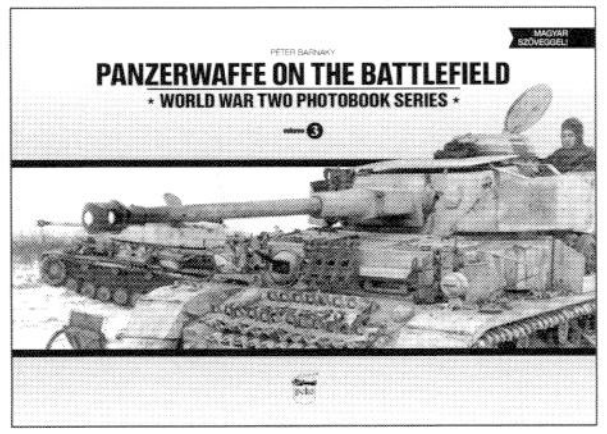

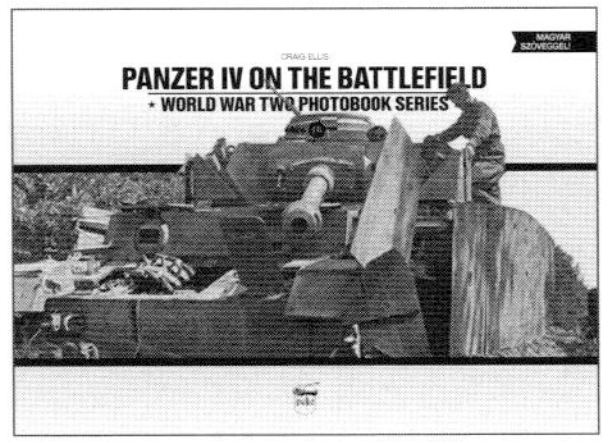

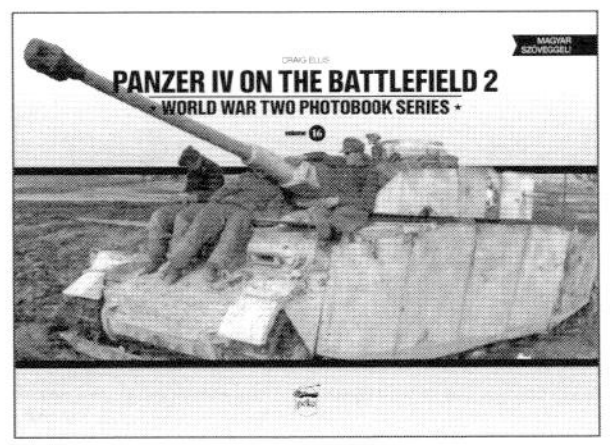

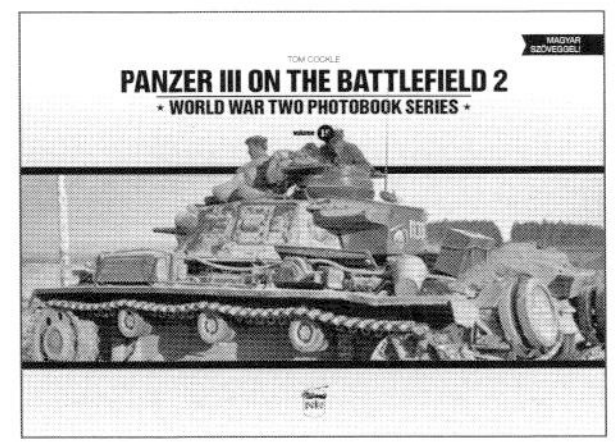

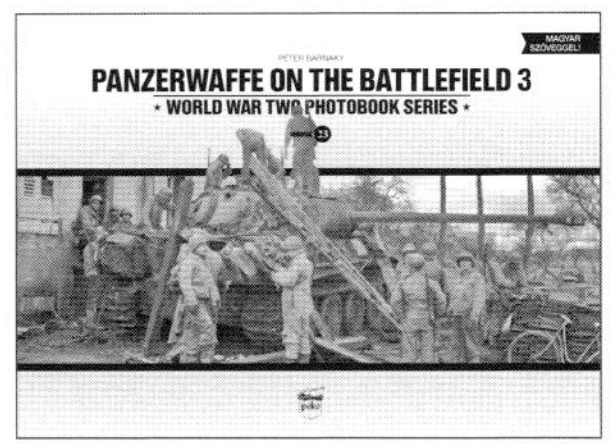

COMING SOON!

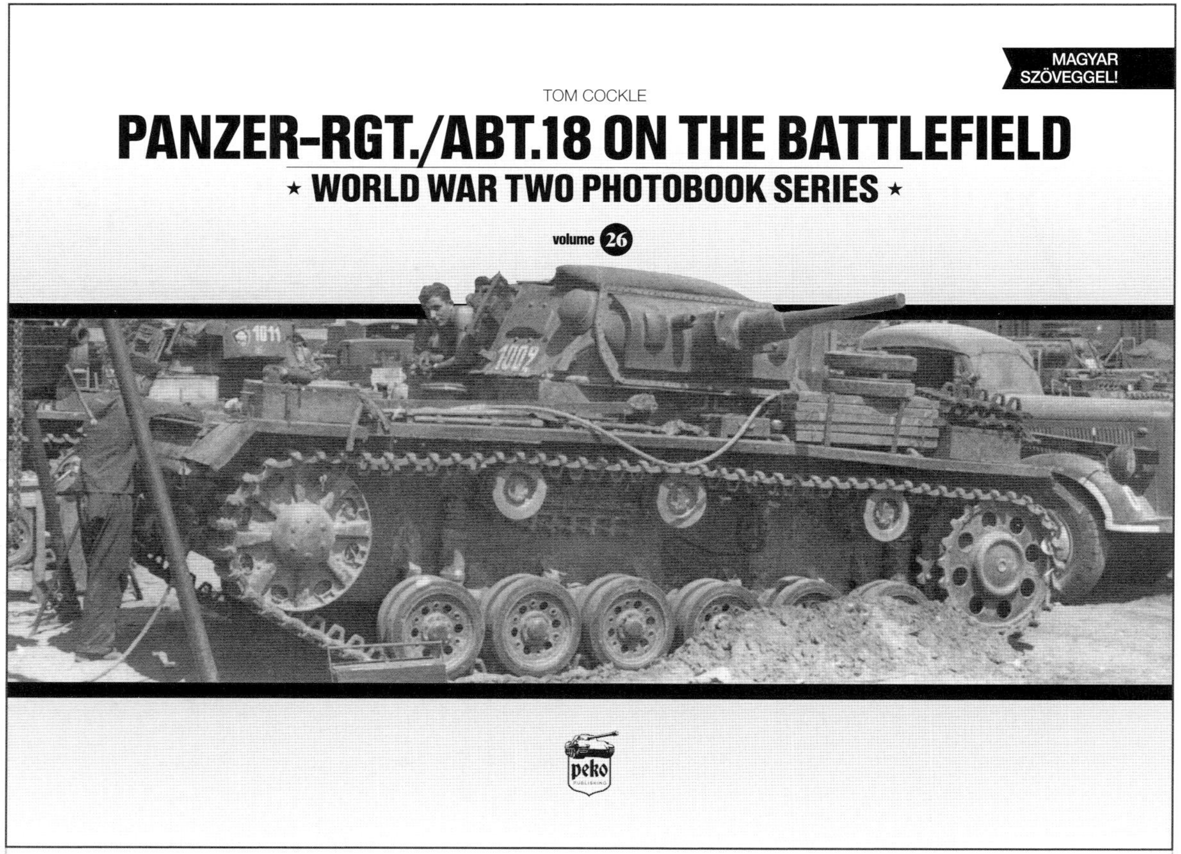
MAGYAR SZÖVEGGEL!
TOM COCKLE
PANZER-RGT./ABT.18 ON THE BATTLEFIELD
★ WORLD WAR TWO PHOTOBOOK SERIES ★
volume 26
peko